# Kostenrechnung und Tarifgestaltung in der Gasversorgung

Eine energiewirtschaftliche Studie

von

Dr.-Ing. Hans Vogt

Mit 21 Abbildungen und 17 Zahlentafeln

München und Berlin 1938
Verlag von R. Oldenbourg

Druck von R. Oldenbourg, München

Printed in Germany

# Vorwort.

Das deutsche Gasfach hat die Forderung nach kostenechten Tarifen erhoben in der Erkenntnis, daß die richtige Ermittelung der Kosten die Voraussetzung für den Aufbau der Tarife bildet. Zweck der nachstehenden Ausführungen ist es, einen Beitrag zu dem Problem der Kostenrechnung und Tarifgestaltung in der Gasversorgung zu liefern, und zwar unter sinngemäßer Anwendung der von der Elektrizitätswirtschaft bereits als notwendig und erfolgversprechend erkannten Kalkulationsgrundsätze. Die Übertragung dieser Rechnungsverfahren auf die Gasversorgung ist deshalb zulässig, weil der Kostenaufbau der Gasversorgung grundsätzlich der gleiche wie bei der Elektrizitätsversorgung ist. Einer besonderen Behandlung und Berücksichtigung in der Kostenrechnung bedarf jedoch die Speichermöglichkeit des Gases.

Der Vorteil der Speicherung hat die Gaswirtschaft länger, als dies vielleicht gut war, veranlaßt, das Kostenproblem in der Hauptsache mengenmäßig zu betrachten, während die Elektrizitätswirtschaft unter dem Zwang der Verhältnisse sehr bald dazu geführt wurde, den Einfluß der Leistung auf Kostenrechnung und Tarifgestaltung in den Vordergrund zu stellen. Die Übertragung der in der Elektrizitätswirtschaft gebräuchlichen Verfahren auf die Kostenermittlung in der Gasversorgung führt zwangsläufig auch hier auf die leistungsmäßige Betrachtung hin. Dadurch ergibt sich aber die Abkehr von der im Gasfach noch vielfach gebräuchlichen allgemeinen Durchschnittskalkulation; an ihre Stelle tritt dann die Errechnung der Gruppenkosten unter gleichzeitiger Berücksichtigung des Einflusses der Benutzungsdauer. Wenn aber die Kostenermittlung und damit die Tarifgestaltung in Abhängigkeit von dieser Bezugsgröße gebracht wird, so folgt hieraus auch die schon so oft geforderte Auflockerung der Gastarife.

Eine energiewirtschaftliche Studie ist diese Arbeit genannt, denn sie beschränkt sich nicht nur auf die Gasversorgung, sondern versucht auch, ständig einen Vergleich mit den entsprechenden Verhältnissen in der Elektrizitätswirtschaft zu ziehen. Neben dem Vergleich bedient sie sich zur möglichsten Klarlegung und Veranschaulichung der Verhältnisse noch eines zweiten Hilfsmittels, nämlich des Zahlenbeispiels, das nicht nur einen Begriff über die Größenordnung der erörterten Zusammenhänge vermitteln soll, sondern auch den Vorteil hat, daß auf die Ableitung und den Gebrauch von allgemeinen Formeln weitgehend verzichtet werden kann. Derartige Formeln haben im folgenden nur insoweit Verwendung gefunden, als dies zur Klarlegung besonderer Zusammenhänge notwendig erschien. Zur Beurteilung der zahlenmäßigen Ergebnisse bedarf es vielleicht noch des Hinweises, daß sich die Untersuchung auf eine Stadtgasversorgung mittlerer Größe bezogen hat, die Mischgas mit einem oberen Heizwert von 4300 WE (0°, 760 mm) liefert.

Wenn die nachfolgenden Ausführungen schließlich als Studie bezeichnet sind, so soll damit zum Ausdruck gebracht werden, daß es sich hier um einen ersten Versuch handelt, auf die Kostenermittlung in der Gasversorgung zum Teil noch ungewohnte oder vielleicht sogar neue Grundsätze anzuwenden. Erst anderwärts durchgeführte ähnliche Untersuchungen werden deshalb erkennen und entscheiden lassen, was von den im einzelnen gebrachten Zahlenangaben als typisch und von allgemeinerer Gültigkeit angesehen werden kann bzw. was nur mehr zufällig für die besonderen Verhältnisse des betrachteten Versorgungsgebietes Geltung hatte.

Es bleibt mir noch der Dank abzustatten an meine Mitarbeiter, die Herren Baurat Schacht und Ernst, die mich bei den zahlreichen notwendig gewordenen Messungen und der Durcharbeitung des umfangreichen Zahlenmaterials bestens unterstützt haben.

Augsburg, im Januar 1938.

**Der Verfasser.**

# Inhaltsverzeichnis.

# Verzeichnis der Formelzeichen.

| Formelzeichen | Bezeichnungen | Dimension |
|---|---|---|
| $K$ | jährliche Gesamtkosten für die Gaslieferung . . . . . . | RM./Jahr |
| $K_a$ | spezifische abnehmerabhängige Kosten. . . . . . . . . | RM./Abnehmer |
| $K_e$ | spezifische feste Kosten der Gaserzeugung . . . . . . . | RM./m³/h |
| $K_n$ | spezifische feste Kosten der Gasverteilung . . . . . . . | RM./m³/h |
| $K_0$ | spezifische feste Ofenkosten (Gaserzeugungsanlage ohne Speicher) . . . . . . . . . . . . . . . . . . . . | RM./m³/h |
| $K_{sp}$ | spezifische feste Speicherkosten . . . . . . . . . . . | RM./m³ |
| $k$ | durchschnittliche Kosten der Gaslieferung . . . . . . . | Rpf./m³ |
| $k_a$ | durchschnittliche Gas-Vertriebskosten . . . . . . . . . | Rpf./m³ |
| $k_b$ | bewegliche Kosten der Gaserzeugung . . . . . . . . . | Rpf./m³ |
| $k_e$ | durchschnittliche Erzeugungs-(Beschaffungs-)kosten für die Gaslieferung . . . . . . . . . . . . . . . . . . . | Rpf./m³ |
| $k_n$ | durchschnittlicne Verteilungskosten für die Gaslieferung . | Rpf./m³ |
| $k_0$ | durchschnittliche Ofenkosten . . . . . . . . . . . . | Rpf./m³ |
| $k_{sp}$ | durchschnittliche Speicherkosten . . . . . . . . . . . | Rpf./m³ |
| $\Delta K_0$ | Unterschied zwischen den festen Ofenkosten ohne und mit Speicherung . . . . . . . . . . . . . . . . . . . | RM./Jahr |
| $\Delta k_0$ | Unterschied zwischen den durchschnittlichen Ofenkosten ohne und mit Speicherung . . . . . . . . . . . . | Rpf./m³ |
| $m$ | Tagesbelastungsfaktor . . . . . . . . . . . . . . . . | % |
| $N_{max}$ | Gruppenspitze am Tag der Höchstlast . . . . . . . . . | m³/h |
| $N'_{max}$ | Spitzenlastanteil einer Abnehmergruppe am Tag der Höchstlast . . . . . . . . . . . . . . . . . . . . | m³/h |
| $N''_{max}$ | Jahresspitze einer Abnehmergruppe . . . . . . . . . . | m³/h |
| $N_0$ | »Ofenleistung« . . . . . . . . . . . . . . . . . . . | m³/h |
| $N_{sp}$ | »Speicherleistung«. . . . . . . . . . . . . . . . . . | m³/h |
| $\tau$ | beliebiger Zeitpunkt am Tag der Höchstbeanspruchung . . | Uhrzeit |
| $t$ | Tagesbenutzungsdauer der Gruppenspitze am Tag der Höchstlast . . . . . . . . . . . . . . . . . . . . | h |
| $T$ | Jahresbenutzungsdauer der Gruppenspitze am Tag der Höchstlast . . . . . . . . . . . . . . . . . . . . | h |
| $T'$ | Jahresbenutzungsdauer des Spitzenlastanteiles am Tag der Höchstlast . . . . . . . . . . . . . . . . . . . . | h |
| $T''$ | Jahresbenutzungsdauer der Jahresgruppenspitze . . . . | h |
| $z$ | Anzahl der Abnehmer . . . . . . . . . . . . . . . . | — |

# Einleitung.

## I. Die Aufgaben der Kostenrechnung in der Energiewirtschaft.

Die Aufgaben der Kostenrechnung in der Energiewirtschaft sind doppelter Art. Das eine Ziel besteht in der Nachkalkulation der vorhandenen Tarife, also in der kostenmäßigen Überprüfung bestehender Absatzverhältnisse, und ist somit im wesentlichen »statischer Natur«. Die weitaus wichtigere Aufgabe der Kostenrechnung ist es aber, die Grundlagen für eine Vorkalkulation zu liefern, also künftige, sich ändernde Abnahmeverhältnisse kostenmäßig zu erfassen und ihre Auswirkungen zu berücksichtigen. Diese zweite Aufgabe der Kostenrechnung ist also sozusagen »dynamischer Art«.

Die nur für die Nachprüfung bestehender Verhältnisse in Betracht kommende Durchschnittsrechnung muß zu einer Erstarrung führen, wenn sie für die Tarifgestaltung allein maßgebend bleibt. Dieses Rechnungsverfahren verleiht einem bestimmten augenblicklichen Zustand zu sehr den Charakter der scheinbaren Unveränderlichkeit, während es doch gerade Sinn und Zweck der Tarifgestaltung sein muß, auch für erweiterte und geänderte Absatzverhältnisse von vorneherein Vorsorge zu tragen. Nur das System gleitender, auf den Ausnutzungsgrad der Erzeugungs- und Verteilungsanlagen abgestellter Tarife ermöglicht es, daß Abnahmeverhältnisse und Energiepreise stets »synchron« verlaufen. Die auf der Durchschnittskalkulation beruhenden Einheitstarife sollen deshalb als »statische Tarife«, die auf die jeweilige Ausnutzung der Anlagen zurückgehenden Grundpreis- und Regelverbrauchtarife hingegen als »dynamische Tarife« bezeichnet werden. Die Aufstellung derartiger Tarife ist Grundlage und Voraussetzung jeder Werbung.

## II. Die Bedeutung der Benutzungsdauer für die Kostenrechnung in der Energiewirtschaft.

Nicht nur bei der Elektrizitätsversorgung, sondern auch bei der Gasversorgung handelt es sich um außerordentlich kapitalintensive Unternehmungen, bei denen der Ausnutzungsgrad der Anlagen, also die Benutzungsdauer von ausschlaggebender Bedeutung für die Gestaltung der Kosten und damit der Tarife ist. Hierauf hat beispielsweise auch Nimsch (1) hingewiesen, der hervorhebt, daß die Gaswerke ebenso wie die Elektrizitätswerke mit Rücksicht auf den Einfluß des Belastungsfaktors mit allen Mitteln eine Verbesserung ihrer Benutzungsdauer anstreben müßten. Dies gilt in erster Linie für die Gas-Verteilungsanlagen, die sich hinsichtlich ihrer Kostengesetze unmittelbar mit den Verteilungsnetzen der Elektrizitätsversorgung vergleichen lassen, grundsätzlich aber auch für die Erzeugungsanlagen, wobei hier allerdings der kostenausgleichende Einfluß der Speichermöglichkeit des Gases in Erscheinung tritt. Die in dem letzten Bericht der Tarifkommission der IVGI (2) vertretene Ansicht, daß die Herstellungskosten des Gases für alle Abnehmer stets die gleichen seien, gilt genau genommen nicht; nur unter gewissen Voraussetzungen und Bedingungen kann, wie noch gezeigt werden wird, die Durchschnittskalkulation bei der Gaserzeugung für bestimmte Abnehmergruppen näherungsweise zulässig sein.

## III. Der Zwang zur Preisdifferenzierung in der Gaswirtschaft, ihre äußere Notwendigkeit und innere Rechtfertigung.

Je vielgestaltiger die Anwendungsgebiete einer Energieart werden, um so mehr unterscheiden sich unter der Auswirkung der Wertigkeit die für die einzelnen Anwendungsgebiete zu verrechnenden Preise. Die Gasversorgung wird also bereits von der Verkaufsseite her mehr als bisher zu einer Differenzierung der Preise gezwungen, ähnlich wie dies bei der Elektrizitätsversorgung schon lange der Fall ist.

In dem Maß, wie die Anwendungsmöglichkeiten des Gases wachsen, steigern sich auch die Anforderungen an die Kostenermittlung. Der Differenzierung der Verkaufspreise muß die Differenzierung der Kosten vorangehen, da nach dem »Grundsatz der Tarifgerechtigkeit« jede Abnehmergruppe nur insoweit an den Selbstkosten tragen soll, als diese von ihr verursacht werden (3).

Wenn also bei der Gasversorgung mehr als bisher an die Stelle der Durchschnittskalkulation die Ermittlung der Gruppenkosten treten muß, so wird eine derartige Kostenaufgliederung gleichzeitig auch die sachliche und moralische Rechtfertigung dafür zu bilden haben, daß man beispielsweise für das Gewerbe, die Industrie oder zum Zweck der Raumheizung soviel niedrigere Preise fordert, als etwa für die Haushaltgaslieferung. Der Umstand, daß eine solche Verschiedenartigkeit der Preise mit Rücksicht auf die Wertigkeit und die Wettbewerbslage notwendig ist, würde für sich allein noch nicht genügen und auch nicht einen Vorwurf entkräften können, der zwar nicht selten aber nichtsdestoweniger mit Unrecht gegen die Energiewirtschaft erhoben wird, daß nämlich der einen Abnehmergruppe überhöhte Tarife deshalb auferlegt würden, um andere nur mit Hilfe von Verlustpreisen erschließbare Absatzgebiete zu gewinnen und zu erhalten.

Die starke Preisdifferenzierung in der Energiewirtschaft, die der Allgemeinheit zunächst schwer verständlich erscheint, bedarf ihrer besonderen Begründung und muß sich stets auf die Kostenrechnung zurückführen lassen, denn auf die Dauer können nur solche Absatzgebiete gehalten werden, für die sich Wertigkeit und Kosten in Übereinstimmung bringen lassen.

Das Kostenproblem in der Gasversorgung wird also zweifacher Natur: Zunächst besteht die schon so oft behandelte Frage der Kalkulation der Kuppelprodukte, wofür verschiedene, hier nicht näher zu erörternde Verfahren entwickelt worden sind (4). Dazu kommt aber nunmehr eine weitere, sich immer mehr in den Vordergrund drängende Aufgabe, nämlich die bisher noch vernachlässigte Frage der Umlegung der festen Kosten auf die einzelnen Abnehmergruppen und die Berücksichtigung des Einflusses der Benutzungsdauer. Diese zweite Aufgabe liegt dabei in mancher Beziehung einfacher als in der Elektrizitätsversorgung, wenn man bedenkt, daß dort vom Lichtstrompreis bis etwa zum Nachtstrompreis eine weit größere Preis- bzw. Kostenspanne zu überbrücken und nachzuweisen ist als beim Gasfach, wo sich der Preisunterschied von der Kochgaslieferung bis zur Heizgasabgabe doch im allgemeinen in engeren Grenzen bewegt.

# A. Die Grundlagen der Kostenrechnung bei Anwendung des Spitzenlastanteilverfahrens.

Wenn nach dem schon erwähnten Grundsatz der Tarifgerechtigkeit jede Abnehmergruppe nur insoweit an den Gesamtkosten tragen soll, als diese von ihr verursacht werden (3), dann entsteht sofort die schwierige Frage, in welcher Weise die gesamten festen Kosten auf die verschiedenen Abnehmergruppen verteilt werden sollen. Der französische Bericht zur III. Weltkraftkonferenz sieht diese Aufgabe geradezu als unlösbar an und hält die Durchführung einer befriedigenden Selbstkostenrechnung für unmöglich (5). Dieser Ansicht ist wohl nur insoweit beizupflichten, als es bis jetzt tatsächlich kein Verfahren für die Umlegung der festen Kosten gibt, das nicht irgendwelche Mängel und Angriffspunkte aufzuweisen hätte. Deshalb soll und kann jedoch die Energiewirtschaft nicht auf die Durchführung von Kostenrechnungen verzichten. Man muß sich nur stets über die Gültigkeit und die Grenzen des angewandten Verfahrens im klaren sein.

Über die Frage der Umlegung der festen Kosten ist ein umfangreiches Schrifttum entstanden. Es seien hier beispielsweise die Namen Hopkinson, Wright, Eisenmenger (6), Rückwardt (7), Schneider (8), dann weiterhin Knight, Lauriol, Schwaiger, Klingenberg, Punga, Hills und Schnaus genannt.

Die im nachfolgenden angeführten Ergebnisse beruhen auf dem einfachsten der vielen Verfahren, dem sogenannten »Spitzenlastanteilverfahren« (9), und zwar unter Berücksichtigung des Spitzenlastanteiles jeder Abnehmergruppe. Diese in der Praxis wohl auch am häufigsten angewandte Berechnungsweise bezeichnet beispielsweise auch Nissel (10) als recht brauchbar, während allerdings Schneider (11) demgegenüber das »benutzungsdauerabhängige Verfahren« als das ausgeglichenere und geeignetere ansieht. Ein weitgehender Ausgleich von Zufälligkeiten, die das Ergebnis beeinflussen könnten, läßt sich aber auch beim Spitzenlastanteilverfahren dann erreichen, wenn man nach dem Vorschlag von Werner (12) für die Zwecke der Tarifbildung den gleitenden Mittelwert zugrunde legt, der auf der nach dem Spitzenlastanteilverfahren berechneten Kostenverantwortlichkeit beruht, dabei aber außerdem noch auf einen mehrjährigen Zeitabschnitt bezogen ist.

Es kann im übrigen nicht Aufgabe der vorliegenden Untersuchung sein, im einzelnen nun kritisch zu den verschiedenen Möglichkeiten Stellung zu nehmen, die für die Umlegung der leistungsabhängigen Kosten bestehen. Der Gang der Rechnung ist für unsere Zwecke auch grundsätzlich der gleiche, mag man nun dem einen oder anderen Kostenumlegungsverfahren aus besonderen Gründen den Vorzug geben.

## I. Die Analyse der Belastungskurven.

Die Anwendung des Spitzenlastanteilverfahrens setzt die Aufgliederung der Gesamtbelastungskurve entsprechend den von den einzelnen Abnehmergruppen hervorgerufenen Teilbelastungen voraus. Bei den betriebswirtschaftlichen Untersuchungen der Gasversorgung hat die Analyse der Belastungskurven noch wenig Eingang gefunden; auch in dem einschlägigen Schrifttum ist dieser Frage bisher nur selten Beachtung geschenkt worden. Die Städt. Gaswerke Wien beispielsweise haben auf der im Jahre 1929 in Berlin veranstalteten Ausstellung »Gas und Wasser« ein Belastungsgebirge gezeigt, das die Aufteilung des Verbrauches auf einige Abnehmergruppen aufwies; desgleichen ist von Schneider in einer Veröffentlichung, die ebenfalls aus dem Jahre 1929 stammt, die Analyse der Gasbelastungskurven wenigstens insoweit behandelt worden, als dies notwendig war, um in einem bestimmten Fall aus der Kochgaslieferung auf eine äquivalente Kochstrombelastung zu schließen (13). Aus den gleichen Gründen hat sich schließlich noch Tautenhahn in seiner Schrift »Kochen mit Elektrizität oder Gas« näher mit der Frage der Analyse von Gasbelastungskurven beschäftigt (14).

Am Beispiel eines großstädtischen Versorgungsgebietes soll im folgenden nunmehr die Analyse der Belastungskurven z. Z. des höchsten Gasbedarfes im einzelnen durchgeführt werden.

### 1. Die Gewinnung der Gesamtbelastungskurve.

Im vorliegenden Fall hat sich ergeben, daß die höchste Belastung des Betriebsjahres in die Zeit der größten wöchentlichen Gaserzeugung fällt. Größte Belastung und größte Abgabe entsprechen sich also in unserem Beispiel.

Um den Einfluß von Druck- und Temperaturschwankungen ebenso wie sonstige Zufälligkeiten möglichst auszuschließen, wurde aus den Belastungskurven der fünf vollen Arbeitstage in der Woche der Höchstbelastung ein mittleres Tagesdiagramm entworfen.

Dabei war zunächst die Frage zu klären, ob dieses Diagramm auf Stundenwerte oder aber wie bei der Elektrizitätswirtschaft auf Viertelstundenwerte abgestellt werden soll. Während noch Schneider (13) die Ansicht vertreten hat, daß eine ausgeprägte Spitze in der

Gasabgabe überhaupt nicht auftreten und nur etwa 5% des Stundenwertes sich zeitweise als Spitze auswirken würden, haben Nübling (15) und Tautenhahn (16) nachgewiesen, daß die Unterschiede zwischen stündlicher und kurzzeitiger Belastung auch in der Gasversorgung tatsächlich doch recht erheblich sind und im Einzelfall bis zu 30, 40 und noch mehr Prozent ausmachen können.

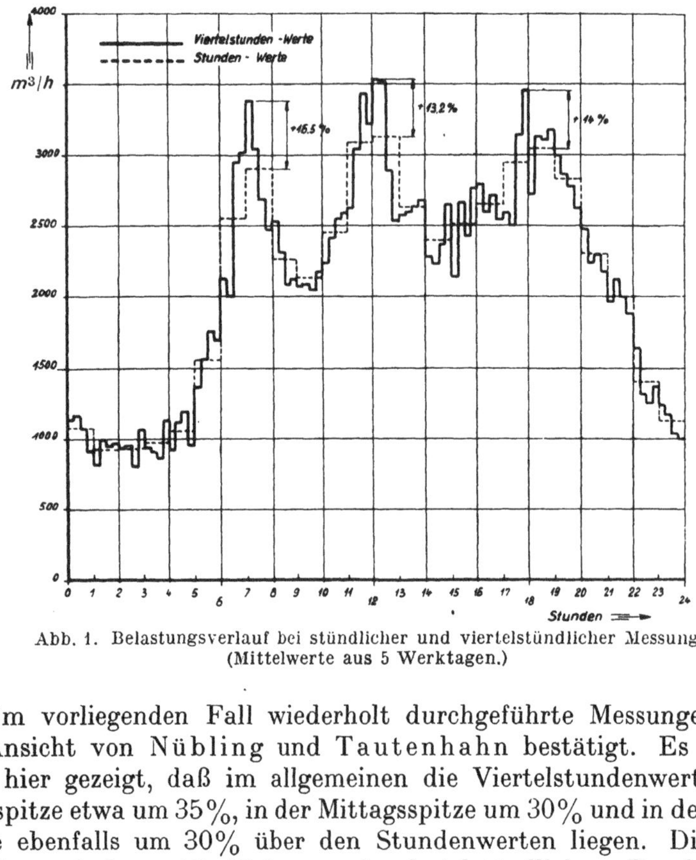


Abb. 1. Belastungsverlauf bei stündlicher und viertelstündlicher Messung. (Mittelwerte aus 5 Werktagen.)

Im vorliegenden Fall wiederholt durchgeführte Messungen haben die Ansicht von Nübling und Tautenhahn bestätigt. Es hat sich auch hier gezeigt, daß im allgemeinen die Viertelstundenwerte in der Frühspitze etwa um 35%, in der Mittagsspitze um 30% und in der Abendspitze ebenfalls um 30% über den Stundenwerten liegen. Die Unterschiede zwischen stündlicher und viertelstündlicher Durchschnittsbelastung treten selbst dann noch deutlich in Erscheinung, wenn die Mittelwerte aus fünf Arbeitstagen miteinander verglichen werden, wie dies Abb. 1 an einem Beispiel erkennen läßt. Es hat sich dabei ergeben, daß die Stundenwerte in der Frühspitze immerhin noch um 16,5%, in der Mittagsspitze um 13,2% und in der Abendspitze um 14% von den Viertelstundenwerten übertroffen werden.

Die vorstehenden Feststellungen sind nicht nur dann von Wichtigkeit, wenn man etwa eine Gasbelastung in eine äquivalente elektrische Belastung umrechnen will, sondern sie sind ebenso bei Beurteilung der

Verhältnisse in der Gasverteilung zu berücksichtigen, wenn auch hinsichtlich der Gaserzeugung kurzdauernde Schwankungen und Belastungsstöße ohne jede weitere Rückwirkung durch den zwischen Netz und Erzeugungsanlage geschalteten Behälterraum bleiben.

Auf Grund der geschilderten Verhältnisse ist der Analyse im folgenden eine Belastungskurve zugrunde gelegt worden, die auf dem viertelstündlichen Durchschnittswert der Leistungsabgabe (gemessen in m³/h) beruht.

### 2. Die Berücksichtigung der Verluste (17, 18).

Eine Überprüfung der Verlustquellen führt zu folgendem Ergebnis:

Die sogenannten »Verluste« als Unterschiede zwischen den in das Rohrnetz eingeleiteten und bei den Abnehmern gemessenen Gasmengen lassen sich in scheinbare und echte Verluste aufgliedern.

a) Die scheinbaren Verluste sind auf folgende Ursachen zurückzuführen:

Die Unterschiede in den Zustandsgrößen (Druck, Temperatur, Wasserdampfgehalt (19)) können, wie Nachrechnungen im einzelnen ergeben haben, durch ihr Zusammenwirken in unserem Beispiel scheinbare Verluste in der Größenordnung von 1 bis 1,5% hervorrufen.

Eine weitere Verlustquelle bilden die Gaszähler, sei es, daß sie tatsächliche Minusfehler aufweisen, sei es, daß sich durch ungleichmäßige Ablesezeiträume Unterschiede ergeben, die allerdings im Laufe größerer Zeitabschnitte von selbst wieder ausgeglichen werden. Die Minusfehler der Gasmesser, die in der Größenordnung von 2 bis 3% liegen können, sind vom Standpunkt des Werkes aus betrachtet insofern bereits echte Verluste, als die entsprechenden Gasmengen zwar zu erzeugen sind, aber von den Abnehmern nicht vergütet werden. An sich gehen diese Mengen allerdings nicht verloren, sondern werden bei den Abnehmern nutzbar umgesetzt.

b) Die echten Verluste haben im wesentlichen ihre Ursache in der Undichtheit des Rohrnetzes. Sie erreichen normalerweise Werte von 800 bis vielleicht 1600 m³/km Rohrnetzlänge und Jahr (17) und machen bei den üblichen Rohrnetzbelastungen von 50000 bis 90000 m³/km und Jahr und einem durchschnittlichen Druck von etwa 50 mm WS vielleicht 1,5 bis 2% aus. Dies gilt dann, wenn — wie im vorliegenden Fall — überwiegend gußeiserne Rohre verlegt sind; bei geschweißten Rohren geht dieser Wert erheblich zurück.

Im ganzen hat sich in unserem Beispiel in guter Übereinstimmung mit den vorstehenden Ausführungen als Unterschied zwischen den erzeugten und den bei den Abnehmern gemessenen Gasmengen ein Betrag von 7,7%, bezogen auf die Erzeugung, ergeben, der wohl als normal bezeichnet werden kann (18, 20, 21). Ein Teil dieser Verluste, nämlich die durch die Zustandsänderungen bedingten scheinbaren und die durch die Zählerfalschanzeigen hervorgerufenen Verluste, sind unmittelbar von der gelieferten Gasmenge abhängig, während der eigentliche Rohrnetzverlust im wesentlichen durch die Abmessungen des Rohrnetzes selbst bedingt ist. Die Ausdehnung des Rohrnetzes hängt ihrerseits aber wiederum von der Zahl und örtlichen Lage der angeschlossenen Abnehmer ab. Die Rohrnetzverluste sind damit, genau genommen, größtenteils nicht mengen- sondern abnehmerabhängig.

Da die scheinbaren ebenso wie die echten Verluste an sich nur näherungsweise zu ermitteln sind, ist im vorliegenden Fall die vereinfachende Annahme gemacht worden, die Rohrnetzverluste auf die einzelnen Abnehmergruppen entsprechend der Höhe der jeweiligen Belastung zu verteilen. Diese Annahme erscheint wohl zulässig, wenn man die Genauigkeitsgrenzen berücksichtigt, die an sich den Kostenermittlungsverfahren im allgemeinen und der Analyse der Belastungskurven im besonderen gezogen sind.

### 3. Die Feststellung der einzelnen Gruppenbelastungen.

Die von den einzelnen Abnehmergruppen verursachten Belastungen lassen sich teils auf Grund von Messungen, teils mit Hilfe des bekannten Subtraktionsverfahrens (22, 23, 24) ermitteln, wobei im nachstehenden die Behandlung der einzelnen Gruppenbelastungen in der Reihenfolge erfolgen soll, wie sich dies aus der Analyse ergibt.

#### a) Raumheizung.

Ein Bedarf für Zwecke der Raumheizung ist während der Zeit, für die der Belastungsverlauf der höchsten nutzbaren Tagesabgabe aufzugliedern war, praktisch nicht angefallen, da die höchste Tagesabgabe auf Ende August bis Anfang September gefallen ist, also Gas für die Raumheizung noch nicht benötigt wurde.

#### b) Straßenbeleuchtung.

Der Verlauf der Gasabgabe für die Zwecke der Straßenbeleuchtung war genau bekannt und ist überdies durch Einzelmessungen nochmals nachgeprüft worden.

#### c) Großabnehmer.

Der Leistungsbedarf der Großabnehmer ist ebenfalls durch genaue Messungen für jeden dieser Abnehmer ermittelt worden. Dies war im vorliegenden Fall ohne besondere Schwierigkeiten möglich, weil hiefür im ganzen nur 10 Abnehmer in Frage kamen.

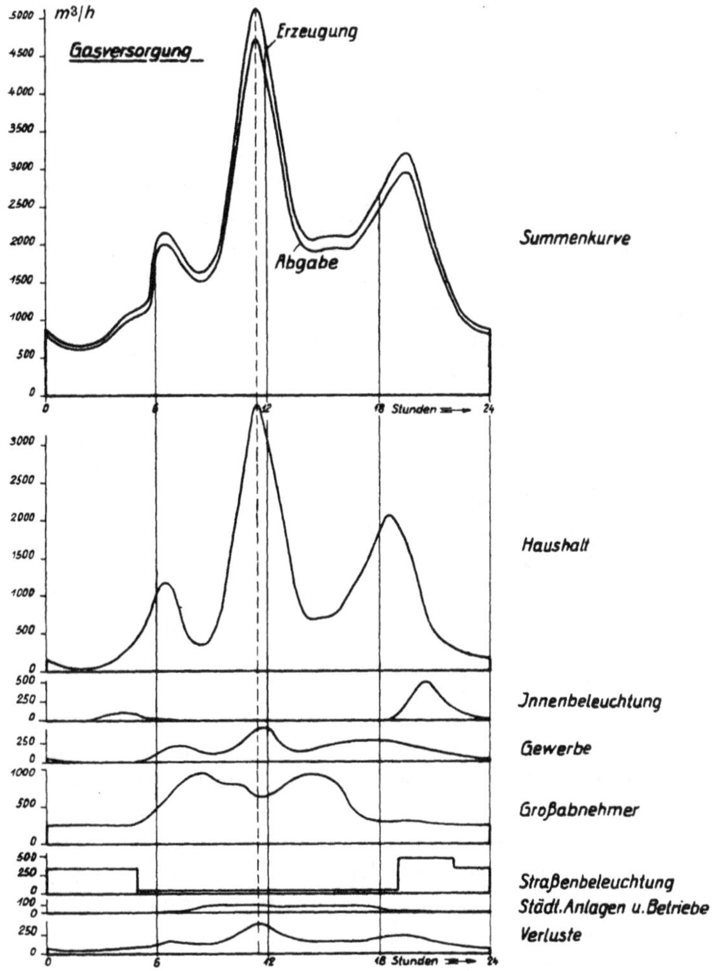


Abb. 2. Belastungsanalyse für den Tag der Jahreshöchstlast (Gasversorgung) (bezogen auf die nutzbare Abgabe).

Zieht man den Bedarf der Straßenbeleuchtung und der Großabnehmer von der Kurve der gesamten nutzbaren Gasabgabe ab, so hat sich die weitere Kurvenanalyse noch auf den Verbrauch des Gewerbes, der städt. Anlagen und Betriebe sowie des Haushalts zu erstrecken.

## d) Gewerbe.

Der Verlauf des gewerblichen Gasbedarfes ist wie folgt ermittelt worden:

Aus der Abnehmerstatistik war die monatliche Gaslieferung an das Gewerbe mengenmäßig bekannt, so daß sich hieraus mit ziemlicher Genauigkeit auf den mittleren arbeitstäglichen Bedarf des Gewerbes schließen ließ, der im vorliegenden Fall anteilmäßig noch gering ist und nur etwa 3650 $m^3$, bezogen auf die nutzbare Abgabe, betrug. Die Verteilung dieses Bedarfes auf die einzelnen Tagesstunden konnte nur auf Grund von Schätzungen erfolgen, wofür allerdings eine Reihe von Anhaltspunkten vorlag. So war für die hauptsächlichsten in Betracht kommenden Gewerbezweige, insbesondere das Gaststätten- und Nahrungsmittelgewerbe, sowohl die Zahl der Betriebe als auch die dazu gehörige Gasabnahme bekannt. Auf Grund des für jeden dieser Gewerbezweige typischen Belastungsverlaufes, der im Einzelfall wieder durch Messungen nachgeprüft wurde, konnte dann unter entsprechender Berücksichtigung des gegenseitigen Ausgleiches der ungefähre Verlauf der Gewerbebelastung aufgezeichnet werden.

Die gewerbliche Gasabnahme begann in unserem Beispiel etwa um 5 Uhr morgens und endete erst gegen 1 Uhr nachts. Diese lange zeitliche Ausdehnung ist in der Hauptsache auf das Nahrungsmittelgewerbe und die Gaststätten zurückzuführen, wobei sich der Bedarf der letzteren in der zweiten Tageshälfte besonders weit hinauszieht. In der Mittagszeit, die bei der Analyse der Gasbelastung von besonderer Wichtigkeit ist, machen sich beim Gewerbe zwei einander entgegengesetzte Richtungen im Belastungsverlauf bemerkbar. Während der Gasbedarf mancher Gewerbebetriebe in der Mittagszeit stark rückläufig ist, nimmt zur gleichen Zeit der Verbrauch des Gaststättengewerbes erheblich zu. Je nachdem, ob der Bedarf des einen oder anderen Gewerbezweiges überwiegt, wird in der Mittagspause ein Belastungsrückgang oder, wie in unserem Fall, eine Erhöhung eintreten. Immerhin ergibt sich bereits durch den inneren Belastungsausgleich der verschiedenen Gewerbezweige eine entsprechende Einebnung der Belastungsspitzen, ein Vorgang, der für die Kosten- und Tarifgestaltung von Wichtigkeit ist.

Der einzige Unsicherheitsfaktor bei der Durchführung der gesamten Belastungsanalyse lag im vorliegenden Fall tatsächlich nur beim Gewerbe. Wie die vorstehenden Ausführungen zeigen, dürfte es aber doch wohl gelungen sein, den Belastungsverlauf auch dieser Abnehmergruppe einigermaßen zutreffend wiederzugeben. Dabei ist außerdem zu berücksichtigen, daß wenigstens in unserem Beispiel die gewerbliche Gaslieferung erst etwa 8% der gesamten nutzbaren Gasabgabe ausmacht; auch an der Gesamtspitze ist das Gewerbe nur mit etwa 9% beteiligt. Selbst wenn also die Schätzung des Belastungsverlaufes — was aber kaum anzunehmen ist — noch mit einem Fehler von vielleicht 20% behaftet wäre, so würde dies trotzdem nur eine Rückwirkung von weniger als 2% auf das Gesamtergebnis haben.

### e) Städtische Anlagen.

Der Gasverbrauch der städt. Anlagen und Betriebe, die in unserem Beispiel ebenfalls als besondere Abnehmergruppe behandelt worden sind, betrug während des untersuchten Zeitraumes insgesamt 985 $m^3$/Tag und ist in ähnlicher Weise wie die gewerbliche Gasabnahme auf die einzelnen Tagesstunden auf Grund von vorliegenden Erfahrungswerten und unter Berücksichtigung der verschiedenen Abnahmestellen aufgeteilt worden.

Die verbleibende Restkurve enthält nur mehr den Bedarf an Haushaltgas, allerdings nicht nur für die Zwecke des Kochens und der Heißwasserbereitung, sondern auch noch für die Beleuchtung. Um aus der Kurve des gesamten Haushaltgasbedarfes den Verbrauch für Kochzwecke und zur Heißwasserbereitung für sich herauszuschälen, mußte also noch der Verlauf der Gasabgabe für Beleuchtungszwecke ermittelt und abgesetzt werden.

### f) Innenbeleuchtung.

Zur Feststellung des Gasbedarfes für Zwecke der Raumbeleuchtung wurde folgender Weg eingeschlagen:

Es unterliegt wohl keinem Zweifel, daß alle diejenigen Abnehmer, die Gas und Strom beziehen, den elektrischen Strom auch für Beleuchtungszwecke verwenden. Die Benutzung des Gases für diesen Zweck kommt hingegen für alle Abnehmer in Frage, die ausschließlich Gasbezieher sind. Die Zahl dieser Abnehmer stand im vorliegenden Fall somit fest; sie machte immerhin noch 12% der gesamten Abnehmer aus. Nach dem Beispiel von Schneider (25) geschah die Feststellung des Gasbedarfes für Beleuchtungszwecke mittelbar vom Elektrizitätsverbrauch ähnlicher Lichtstromabnehmer her. Die Qualität der in Frage kommenden Abnehmer war dabei genau bekannt. Es kamen begreiflicherweise fast nur Abnehmer mit geringen Einkommensverhältnissen in Frage, die billige, noch nicht mit Elektrizität versorgte Wohnungen innehaben. Auch über die Lebensgewohnheiten dieser Abnehmer bestand auf Grund ihrer Beschäftigungsverhältnisse ebenfalls Klarheit. Aus dem Verkauf der Gasglühkörper konnte schließlich noch auf den Anschlußwert je Brennstelle geschlossen werden, der etwa mit 100 l/h anzunehmen war. Diese Unterlagen ließen wohl mit ziemlicher Genauigkeit den Ablauf des Gasbedarfes für Beleuchtungszwecke ermitteln. Dabei ist zudem noch zu berücksichtigen, daß die durch die Beleuchtung hervorgerufene Belastungsspitze keinen Anteil an der Gesamtspitze hat, also an sich nur von untergeordneter Bedeutung ist.

### g) Haushalt.

Die nunmehr verbleibende Restkurve ergibt die Belastung der größten und derzeit jedenfalls für die Gasversorgung immer noch wichtigsten Abnehmergruppe, nämlich der eigentlichen Haushaltgasbezieher und schließt den Gasbedarf für Kochzwecke und zur Heißwasserbereitung in sich. Da der Belastungsablauf für diese Zwecke von besonderer Wichtigkeit für die gesamte Energiewirtschaft ist, soll im folgenden noch näher geprüft werden, inwieweit er durch die Lebenshaltung und die Lebensgewohnheiten der Abnehmer des untersuchten Versorgungsgebietes bestätigt wird und mit anderen, im Schrifttum bekanntgewordenen Angaben über den Ablauf der Kochbelastung in Übereinstimmung zu bringen ist.

### α) *Der Verlauf der Haushaltgasbelastung und die Lebensgewohnheiten der Abnehmer.*

Die Gasabgabekurve für den Haushalt weist drei charakteristische Spitzen auf. Einer mäßigen Frühspitze, die etwa um $6^{30}$ Uhr morgens in Erscheinung tritt, folgt nach einer vorübergehenden erheblichen Absenkung die Mittagsspitze, deren Höchstwert um $11^{30}$ Uhr erreicht wird. Der nachmittägliche Belastungsrückgang erweist sich in unserem Fall geringer als die Einsenkung zwischen der Früh- und Mittagsspitze. Dieser Umstand ist nicht nur dadurch bedingt, daß sich an die Mittagskochspitze für gewöhnlich die Heißwasserbereitung für Zwecke der Reinigung und des Kaffeekochens anschließt, sondern er hat seine Ursache ebensosehr in den besonderen Verhältnissen des Versorgungsgebietes, die gleichzeitig auch eine verhältnismäßig breite und hohe Abendkochspitze bedingen.

Wie sich im Belastungsablauf des Haushaltstrombedarfes bekanntlich Eigenart und Charakter des jeweiligen Versorgungsgebietes widerspiegeln, so ist dies in ähnlicher Weise bei der Gaslieferung an den Haushalt der Fall. Auch hier zeichnen sich Lebenshaltung und Lebensgewohnheiten der Abnehmer ab, wobei diese Gewohnheiten wiederum ausschlaggebend durch die Arbeitszeiten bedingt sind, die in dem betreffenden Versorgungsgebiet zufällig bestehen.

Die Höhe der Mittagsspitze ist im vorliegenden Fall dadurch beeinflußt, daß ein Großteil der Bevölkerung — es handelt sich in unserem Beispiel um eine typische Industriestadt — durchgehend beschäftigt ist und das Mittagessen zur Arbeitsstätte entweder mitnimmt oder dort erhält. Bei den in Betracht kommenden Familien fällt also mittags gewöhnlich nur ein verhältnismäßig geringer Energiebedarf für Kochzwecke an, der zudem selbst in den Sommermonaten noch zum Teil durch Benutzung des Holz- und Kohleherdes gedeckt wird. Dies ist nicht zuletzt darauf zurückzuführen, daß in dem betreffenden Versorgungsgebiet bisher unter verhältnismäßig günstigen Bedingungen Brennholz erhältlich war bzw. als Abfallholz in nahen Waldungen sogar kostenlos zur Verfügung stand. Dazu kommt dann weiter, daß ein großer Teil der Abnehmer noch nicht über Gasherde mit Brat- und Backrohr verfügt, sondern lediglich kleine Gaskocher benutzt. Das Braten und Backen vollzieht sich in diesen Fällen dann immer noch auf dem von früher her in der Küche nun einmal vorhandenen Kohleherd. So liegen die Verhältnisse jedenfalls in einem großen Teil der sogenannten »Altwohnungen«.

Im Gegensatz zu manchen anderen Gegenden Deutschlands wird in dem betrachteten Versorgungsgebiet abends in der Regel warmes Essen bereitet, sei es, daß die mittags gekochten Speisen aufgewärmt oder das für die Arbeitspause des nächsten Tages mitzunehmende Essen vorgekocht wird. Darauf ist in der Hauptsache die verhältnismäßig hohe und breite Abendspitze zurückzuführen, denn ebenso wie morgens wird auch abends in der Regel — wenigstens in der wärmeren Jahreszeit — nicht der Kohleherd, sondern der Gasherd benutzt. Der Heißwasserbedarf für Badezwecke, der zum Teil früh morgens, zum Teil abends nach der Kochspitze anfällt, dürfte den Belastungsablauf in unserem Beispiel wohl nur verhältnismäßig wenig beeinflußt haben, da einerseits die zahlreich vorhandenen Arbeiterfamilien nicht über Gasbadeeinrichtungen verfügen und andererseits die Tage der größten Gesamtbelastung im vorliegenden Fall auf die Zeit von Ende August bis Anfang September gefallen sind, also noch die Möglichkeit des Freibadens bestand.

Jedenfalls finden, wie sich deutlich erkennen läßt, die Lebensgewohnheiten der Abnehmer in dem allgemeinen Verlauf der Haushaltbelastung ihre Bestätigung und Begründung. Im ganzen liegen aber im vorliegenden Fall infolge der Eigenart des Versorgungsgebietes die Verhältnisse für den Gasabsatz im Haushalt offenbar nicht gerade günstig.

*β) Der Verlauf der Haushaltbelastung in Vergleich mit den Ergebnissen anderweitiger Untersuchungen auf dem Gebiet der Gasversorgung.*

Die zahlenmäßigen Ergebnisse müssen durch die im vorstehenden geschilderten Verhältnisse selbstverständlich weitgehend beeinflußt sein, weshalb sie wohl auch an der unteren Grenze der sich anderwärts ergebenden Belastungswerte liegen werden. Im vorliegenden Fall belief sich die Mittagsspitze je Abnehmer auf 101 und die Abendspitze auf 58,6 l/h, wobei sich beide Werte auf die viertelstündliche Durchschnittsbelastung, gemessen an der Erzeugungsstätte, beziehen.

Obwohl die Gasversorgung über jahrzehntelange Erfahrungen auf dem Gebiet der Energielieferung für Kochzwecke verfügt, sind im Schrifttum nur außerordentlich spärliche Angaben über den Ablauf der Haushaltbelastung zu finden. Sehr gut stimmen die im vorstehenden gefundenen Werte mit verschiedenen, von Müller (26) für das Versorgungsgebiet der Berliner Städt. Gaswerke genannten Zahlen überein. Darnach betrug beispielsweise im Sommer 1933 die werktägliche aus dem Kochen herrührende Mittagsbelastung 97502 $m^3/h$ und die Abendbelastung (allerdings für den Monat Dezember) 65998 $m^3/h$. Da diese Zahlen für 1128000 Abnehmer gelten, berechnet sich daraus eine Mittagsspitze von 86,4 und eine Abendspitze von 58,4 l/h und Abnehmer. Diese Belastungswerte haben sich dadurch ergeben, daß für den sonstigen Gasbedarf zur Zeit der Kochspitze auf Grund einer Schätzung mittags 10% und abends 15% abgesetzt worden sind. Auf Grund der genauen Analyse der Belastungskurven beliefen sich diese Werte in unserem Beispiel hingegen auf 25 bzw. 23%. Eine weitere Angabe über die durch die Kochgaslieferung entstehende Spitzenbelastung stammt von Schräder (27). Für Mannheimer Verhältnisse wurde, bezogen auf die stündliche Durchschnittsbelastung, ein wesentlich höherer Betrag als in unserem Fall, nämlich 146 l/h, ermittelt.

Für zwei schweizerische städtische Gaswerke macht schließlich noch Tautenhahn (28) Angaben über die mittägliche und abendliche Spitzenbelastung. Die dort festgestellten, auf einen Haushalt bezogenen Werte von 268 bzw. 220 l/h für die Mittagsspitze und von 171 bzw. 150 l/h für die Abendspitze liegen weit über den im vorstehenden gefundenen Zahlen, wobei die Abweichungen noch größer werden, wenn der höhere Heizwert des von diesen Werken gelieferten Gases berücksichtigt wird. Es bedarf nun aber keiner Begründung, daß diese für ganz andere Lebensbedingungen gefundenen Werte (29) in keiner Weise mit den Ergebnissen unseres Beispiels verglichen werden können, die sich, wie gesagt, auf eine Stadt mit überwiegender Arbeiterbevölkerung beziehen.

*γ) Der Verlauf der Haushaltbelastung in Vergleich mit den Ergebnissen anderweitiger Untersuchungen auf dem Gebiet der Elektrizitätsversorgung.*

Der Elektrizitätsversorgung stehen im Gegensatz zur Gasversorgung nicht die jahrzehntelangen Erfahrungen auf dem Gebiet der Energielieferung für Kochzwecke zur Verfügung; trotzdem finden sich von dieser Seite im Schrifttum weit mehr Angaben über den Leistungsbedarf und dessen Verlauf. Es sei hier u. a. nur auf die Veröffentlichungen von Mörtzsch (30), Buch (31), Thiemens (32) und Raiß (33) hingewiesen.

Wenn Gas- und Stromabgabekurven miteinander verglichen werden sollen, dann ist es notwendig, dieselben zunächst auf die gleiche Bezugsgröße zu bringen. Zu diesem Zweck ist der in $m^3/h$ gemessene Leistungsverlauf der Kochgaskurven unter Verwendung einer geeigneten Äquivalenzzahl auf Watt umzurechnen. Da es nicht Aufgabe der vorliegenden Untersuchung sein kann, zu der umfangreichen und vielumstrittenen Frage der Äquivalenzzahl selbst Stellung zu nehmen, sind für die Umrechnung die beiden Werte 2,5 und 3,0 verwendet worden, wobei bekanntlich der untere Wert von der Elektrizitätswirtschaft, der obere hingegen von der Gasversorgung als der zutreffendere angesehen wird. Die Kurve der Kochgasabgabe, die sich aus der Analyse der Belastungskurve (s. Abb. 2) ergeben hat, wird dadurch zu einem schmalen Band auseinandergezogen. Ob nun dessen obere oder untere Begrenzung den tatsächlichen Verhältnissen am nächsten kommen wird, mag der Beurteilung jedes einzelnen überlassen bleiben. Zu erwähnen ist hier noch, daß sich in diesem Fall die Gasverbrauchskurven nach Abb. 3 unter Einbeziehung der Verluste verstehen, da auch die zum Vergleich verwendeten Strombelastungskurven, soweit sich feststellen ließ, zum mindesten die Verluste im Niederspannungsnetz, die den Hauptteil ausmachen, in sich schließen.

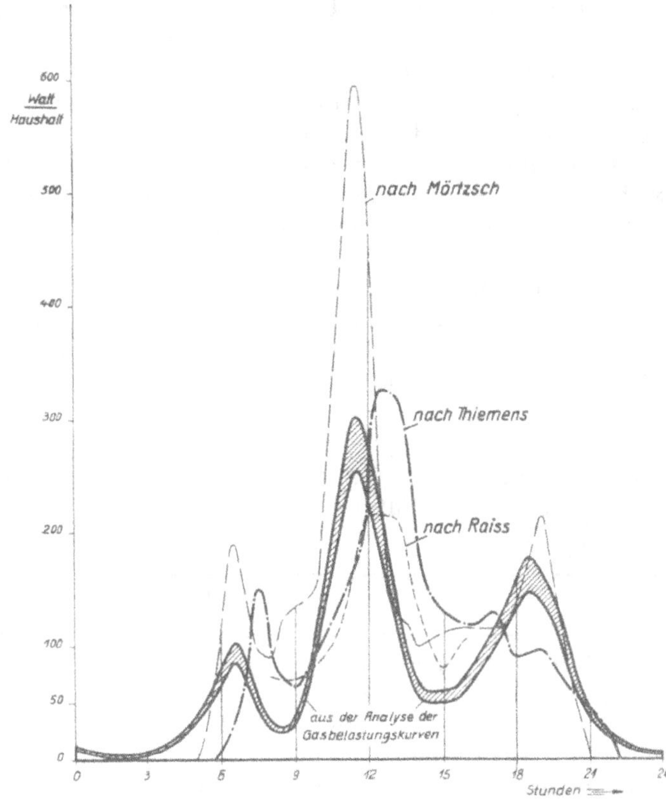


Abb. 3. Kochgas- und Kochstrombelastungskurven (für einen Sommer-Werktag).

Bei einem Vergleich mit den entsprechenden Kochstromkurven war zu erwarten, daß die im vorstehenden geschilderten, in unserem Beispiel für den Energieverbrauch im Haushalt nicht besonders günstigen Verhältnisse wieder in Erscheinung treten. Dies wird auch durch den Kurvenverlauf der Abb. 3 in vollem Umfang bestätigt. Insbesonders zeigen sich gegenüber dem von Mörtzsch für den Kochstrombedarf angegebenen Belastungsverlauf (30) erhebliche Abweichungen vor allem in der Mittagsspitze. Hierauf waren außer den oben erwähnten Umständen sicher auch noch die folgenden beiden Punkte von Einfluß:

Es kann keinem Zweifel unterliegen, daß der interne Belastungsausgleich innerhalb der sehr großen Zahl von Kochgasabnehmern — in unserem Beispiel handelt es sich um rund 38000 Abnehmer — doch ganz erheblich größer ist, als dies etwa schon bei den einigen hundert oder tausend elektrisch kochenden Haushaltungen der Fall sein kann. Dazu kommt aber noch, daß die elektrischen Herde, deren Belastungsverlauf veröffentlicht worden ist, wohl überwiegend in Neubauwohnungen Aufstellung gefunden haben, wo von vornherein auf eine energiewirtschaftlich günstige Ausstattung der Küchen Rücksicht genommen werden konnte; das heißt aber, die elektrischen Herde werden dort wohl überwiegend auch mit Brat- und Backröhren versehen sein, während der Kohleteil des Herdes, sofern ein solcher überhaupt nötig war, im wesentlichen nur zur Raumheizung dient. Daß in den sogenannten Altwohnungen die Verhältnisse für die Gasversorgung gerade umgekehrt und damit erheblich ungünstiger liegen, ist bereits erwähnt worden.

Durch das Zusammenwirken der im vorstehenden geschilderten Umstände wird es wohl verständlich, daß die Mittagskochspitze je Haushalt, deren oberer Grenzwert in unserem Beispiel 303 W beträgt, nur etwa die Hälfte des von Mörtzsch angegebenen Wertes von 600 W erreicht.

Eine verhältnismäßig recht gute Übereinstimmung besteht dagegen mit der von Thiemens für einen Sommerwerktag angegebenen und für reine Elektroherde gültigen Kurve (32), wie die nachfolgende Gegenüberstellung zeigt:

| | Frühspitze W | Mittagsspitze W | Abendspitze W |
|---|---|---|---|
| Für elektrische Herde nach Thiemens. . | 150 | 325 | 136 |
| aus der Analyse der Gasbelastungskurve im Mittel. . . . . . . . . . . . . . . . | ~ 92,5 | ~ 277 | ~ 162 |

Daß die Mittagsspitze in unserem Beispiel niederer, die Abendspitze hingegen etwas höher liegt, ergibt sich aus den besonders gearteten Verhältnissen des untersuchten Versorgungsgebietes; das gleiche gilt auch für die gegenseitige zeitliche Lage der Abendkochspitzen. Der Flächeninhalt der beiden Kurven, der ein Maß für den Energieverbrauch im Haushalt darstellt, weicht im übrigen nur um rund 8% voneinander ab.

In die Abb. 3 ist schließlich noch eine von Raiß angegebene, aus der Gesamtbelastung von 510 Wohnungen ermittelte Belastungskurve (33) eingezeichnet worden. Da dieselbe sich auf den Monat Februar bezieht, also auch einen entsprechenden Lichtstrombedarf in sich schließt, erschien lediglich das Kurvenstück zwischen 8 und 16 Uhr zu einem Vergleich geeignet. Auch diese Kurve steht, wie man sieht, in guter Übereinstimmung mit den im vorliegenden Fall aus der Analyse der Gasbelastungskurve erhaltenen Ergebnissen. Die Mittagsspitze liegt in unserem Beispiel etwa zwischen den von Thiemens und Raiß angegebenen Werten. Dabei ist nun allerdings darauf hinzuweisen, daß der Belastungsverlauf nach Raiß für einen Wintermonat gilt und deshalb den bekannten Auswirkungen der Küchenbeheizung unterliegt, sofern die untersuchten Wohnungen — es handelt sich um eine Siedlung in Siemensstadt — nicht etwa mit zentralen Heizungsanlagen versehen sind. Nur in diesem Fall wäre die Rückwirkung der Jahreszeit auf den Gas- und Stromverbrauch für Kochzwecke einigermaßen zu vernachlässigen.

### h) Ergebnis.

Die wertmäßigen Ergebnisse der Belastungsanalyse sind schließlich noch für sämtliche Abnehmergruppen der nachfolgenden Zahlentafel 1 zu entnehmen, wobei darauf hinzuweisen ist, daß sich die folgenden Werte nunmehr wieder auf die nutzbare Gasabgabe beziehen.

Zahlentafel 1.

**Ergebnisse der Analyse der Belastungskurven.**

| Lfd. Nr. | Abnehmergruppe | Gruppenspitze $N_{max}$ m³/h | Spitzenlastanteil $N'_{max}$ m³/h | arbeitstäglicher Gasbedarf m³ |
|---|---|---|---|---|
| 1. | Haushalt (Kochen und Heißwasserbereitung) | 3530 | 3530 | 22805 |
| 2. | Innenbeleuchtung | 500 | 0 | 1355 |
| 3. | Gewerbe | 450 | 440 | 3670 |
| 4. | Großabnehmer | 950 | 630 | 12185 |
| 5. | Raumheizung | 0 | 0 | 0 |
| 6. | Straßenbeleuchtung | 470 | 30 | 4140 |
| 7. | Städt. Anlagen und Betriebe | 100 | 100 | 985 |
| | zusammen: | — | 4370 | 45140 |
| | hierzu Verluste | 400 | 400 | 3755 |
| | insgesamt, bezogen auf die Erzeugung | — | 5130 | 48895 |

Des Vergleiches und der Vollständigkeit halber ist für das uns als Beispiel dienende Versorgungsgebiet auch noch die Analyse der Strombelastungskurven für die Zeit der Höchstbeanspruchung der Werksanlagen durchgeführt worden, wie dies aus Abb. 4 ersichtlich ist.

Man erkennt dabei deutlich, daß bei der Gasversorgung die Auswirkung der Kochbelastung auf den gesamten Leistungsbedarf von

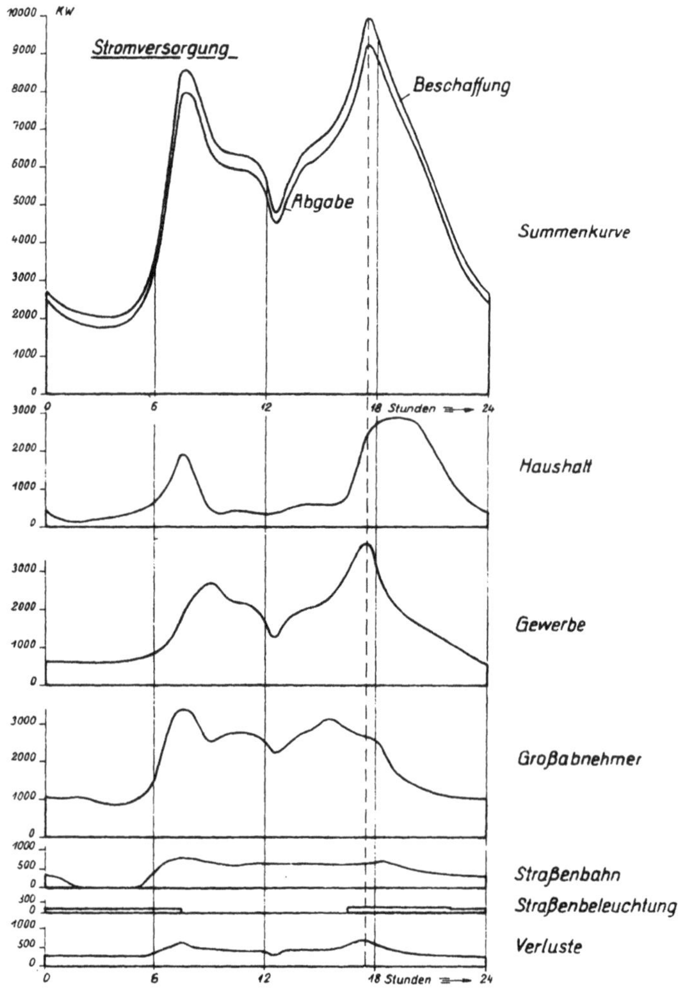


Abb. 4. Belastungsanalyse für den Tag der Jahreshöchstlast (Elektrizitätsversorgung) (bezogen auf die nutzbare Abgabe).

ähnlicher Bedeutung ist wie die Lichtbelastung in der Elektrizitätsversorgung. Der Lichtspitze bei der Strombelieferung des Haushalts entspricht die Kochspitze bei der Gasversorgung. Selbstverständlich tritt die Lichtspitze auch noch bei der gewerblichen Stromabgabe entsprechend in Erscheinung. Einen bei beiden Energiearten weitgehend übereinstimmenden Belastungsverlauf zeigen die Großabnehmer. Das gleiche gilt auch für die Straßenbeleuchtung, wobei nur zu berücksichtigen ist, daß die Belastungsanalyse für die Gasversorgung gegen Ende der Sommermonate, für die Elektrizitätsversorgung hingegen in der zweiten Dezemberhälfte durchgeführt worden ist. Dementsprechend haben sich die Ein- und Ausschaltzeiten der Straßenbeleuchtung verlagert.

## II. Die Kostenbestandteile.

Die Kostenermittlung in der Energiewirtschaft beruht auf einer zweckentsprechenden Verbindung technischer und kaufmännischer Verfahren. Der Analyse der Belastungskurven in technischer Beziehung hat die Kostenanalyse auf kaufmännischem Gebiet zu entsprechen. Erste Voraussetzung hierfür ist, daß der Buchhaltung ein entsprechender Kontenplan zugrunde liegt, sodaß jederzeit die für die Kostenrechnung benötigten Kostenbestandteile geliefert werden können. Den Erfordernissen der Kostenrechnung vermögen dabei im allgemeinen solche Kontenpläne am besten zu entsprechen, deren Hauptgliederung nach Kostenstellen und deren Untergliederung nach Kostenarten erfolgt. Die Erfahrung hat gezeigt, daß veraltete kameralistische Verbuchungsmethoden, wie sie bei manchen Gaswerken allerdings mitunter noch anzutreffen sind, nicht geeignet sind, den heute an die Kostenrechnung zu stellenden Anforderungen zu genügen.

Wenn nach dem schon erwähnten Grundsatz der Tarifgerechtigkeit die Kosten auf die einzelnen Abnehmergruppen umgelegt werden sollen, dann ist es notwendig, die einzelnen Kostenbestandteile, aufgegliedert nach den folgenden Kostenstellen, zu kennen:

1. Die beweglichen Kosten der Gaserzeugung (bzw. des Bezuges), im folgenden mit $k_b$ [1]) bezeichnet,
2. die festen Kosten der Gaserzeugung (bzw. des Bezuges), im folgenden mit $K_e$ bezeichnet,
3. die festen Kosten der Gasverteilung, also die durch das Leitungsnetz verursachten Aufwendungen, mit $K_n$ bezeichnet, und schließlich
4. die abnehmerabhängigen Kosten $K_a$.

Die Aufteilung der sogenannten allgemeinen Kosten, wie Verwaltungsaufwand und dergleichen, auf die vorgenannten Hauptkostenstellen soll bereits erfolgt sein. In den nachstehenden Beträgen sollen ferner, worauf noch hinzuweisen ist, neben den Steuern angemessene Erträgnisse (Verzinsung des investierten Kapitals bzw. sonstige Gegenleistungen für die Hergabe des Konzessionsrechtes, wie Wegebenutzungsgebühren und dergleichen) enthalten sein. Da sich die im folgenden angeführten Werte schließlich auf die bei den Abnehmern auftretenden Belastungen beziehen, ist also auch schon die durch die Übertragungsverluste bewirkte Kostenerhöhung mit eingerechnet. Dadurch ergeben sich im wesentlichen die für den Verkauf maßgebenden

---

[1]) Siehe auch Verzeichnis der Formelzeichen.

Preise, sodaß sofort ein unmittelbarer Vergleich mit den Tarifen selbst, und zwar ohne weitere Berücksichtigung von Gewinnspannen usw., möglich ist. Im folgenden soll deshalb auch statt von Selbstkosten ebenso wie bisher nur von »Kosten« die Rede sein.

Für eine Stadtgasversorgung mittlerer Größe, die Mischgas üblicher Zusammensetzung mit einem oberen Heizwert von durchschnittlich 4300 WE liefert, wurden im einzelnen folgende Kostenbestandteile ermittelt:

### 1. Die beweglichen Kosten der Gaserzeugung.

Die Ermittlung der beweglichen Kosten steht in engster Verbindung mit der grundsätzlichen Frage der Kalkulation der Kuppelprodukte. Hierauf soll aber an dieser Stelle nicht näher eingegangen werden. Die im folgenden angegebenen beweglichen Kosten sind unter Benutzung der wohl überwiegend angewandten Restrechnung (4), also nach Abzug der erzielten Erlöse aus allen Nebenprodukten, ermittelt worden und betragen, bezogen auf die nutzbare Abgabe

$$\underline{k_b = 2{,}0 \text{ Rpf./m}^3.}$$

Wie Nachprüfungen ergeben haben, weichen die beweglichen Kosten bei den einzelnen Werken mitunter verhältnismäßig stark voneinander ab. Dies ist nicht nur auf die von Fall zu Fall verschiedenen Erzeugungsbedingungen (ungedeckte Kohlenkosten) zurückzuführen, sondern insbesondere auch darauf, daß die Ansichten darüber auseinandergehen, welche Anteile der Personal- und Instandhaltungskosten als beweglich oder fest anzusehen sind. Dort, wo mit höheren beweglichen Kosten gerechnet wird, werden dann zum Ausgleich die festen Erzeugungskosten entsprechend geringer sein.

Bestehen bleibt jedoch immer das eine, daß nämlich ähnlich wie in der Elektrizitätswirtschaft die beweglichen Kosten sehr niedrig sind und bei den meisten Abnehmergruppen hinter den Anteilen der festen Kosten zurücktreten. Die Ergebnisse der Rechnung sind deshalb auch grundsätzlich die gleichen, mögen die beweglichen Kosten im Einzelfall nun etwa bei 1,5 oder 2,5 Rpf./m³ liegen.

### 2. Die festen Kosten der Gaserzeugung.

Die festen Kosten der Gaserzeugung sind nicht homogen, sondern setzen sich aus zwei verschieden zu behandelnden Teilen zusammen, nämlich aus den festen Kosten der Erzeugungsanlagen mit allem Zubehör, aber ohne Speicher, im folgenden der Einfachheit halber kurz »Ofenkosten« $K_0$ genannt, und aus den eigentlichen Speicherkosten, mit $K_{Sp}$ bezeichnet.

Die Ofenkosten lassen sich ebenso wie die Kosten eines elektrischen Kraftwerkes auf eine Leistungsgröße, nämlich die höchstmögliche

Erzeugung in einem bestimmten Zeitraum (ausgedrückt in $m^3/h$ bzw. in $m^3/Tag$) beziehen.

Die Speicherkosten hingegen können nicht auf eine »Leistungsgröße« sondern nur auf eine »Arbeitsgröße«, nämlich das Fassungsvermögen des Speichers in $m^3$, abgestellt werden. Der eigentlichen Speicherleistung sind hier im Gegensatz etwa zu den Speicherkraftwerken kaum Grenzen gezogen. Die Speicherleistung (gemessen in $m^3/h$) kann vorübergehend außerordentlich groß werden und ist bei entsprechend kurzer Dauer praktisch eigentlich nur durch die Weite der Anschlußleitung an das Netz begrenzt. Die Kosten dieser gewöhnlich sehr kurzen Leitung stehen in Abhängigkeit von ihrer Leistungsfähigkeit, also vom Rohrdurchmesser, und spielen gegenüber den sonstigen Anlagekosten keine Rolle. Bei den Speicherkraftwerken liegen die Verhältnisse, wie zum Vergleich hier angeführt werden soll, etwas anders. Auch dort ist ein Behälter notwendig, nämlich der Dampf- oder Wasserspeicher. Dem Zwischenglied zwischen Behälter und Netz kommt dabei eine ganz andere Bedeutung zu als in unserem Fall der Rohrleitung, denn die notwendigen Turbinen und Generatoren begrenzen dort die Speicherleistung tatsächlich auf einen genau bestimmbaren Wert.

Für unser Beispiel sollen, jeweils bezogen auf die nutzbare Abgabe, betragen:

a) Die jährlichen festen Ofenkosten unter Einrechnung einer gewissen Reserve, ferner unter Berücksichtigung der wirtschaftlich notwendigen Abschreibungen (34), angemessener Erträgnisse des investierten Kapitals und unter Einrechnung des als einigermaßen unveränderlich anzusehenden Personal- und Sachaufwandes

$$\underline{K_0 = 280 \text{ RM.}/m^3/h,}$$

b) die jährlichen festen Speicherkosten wiederum unter Berücksichtigung des üblichen Kapitaldienstes sowie des anteiligen Personal- und Sachaufwandes

$$\underline{K_{Sp} = 5.85 \text{ RM.}/m^3.}$$

Dieser Wert ist auf die in unserem Beispiel tatsächlich in Anspruch genommene Speichergröße bezogen. In der Höhe dieses Betrages kommt bereits mit aller Deutlichkeit zum Ausdruck, daß im vorliegenden Fall, wie noch näher zu erörtern sein wird, der Behälterraum bei weitem größer bemessen ist, als dies allein durch den Belastungsablauf — selbst unter Berücksichtigung einer entsprechenden Reserve — bedingt wäre. Als Anhaltspunkt mag dienen, daß die auf den installierten $m^3$ Behälterraum bezogenen Jahreskosten im allgemeinen etwa zwischen 70 und 90 Rpf. liegen dürften, mittlere Behältergrößen vorausgesetzt.

### 3. Die festen Kosten der Gasverteilung.

Für das Leitungsnetz unseres Beispiels sollen, wiederum bezogen auf die nutzbare Abgabe, ferner unter Berücksichtigung des üblichen Kapitaldienstes, der festen Gehälter und Löhne einschließlich des Sachaufwandes, die jährlichen Verteilungskosten betragen

$$\underline{K_n = 132 \text{ RM./m}^3\text{/h.}}$$

Zu den Instandhaltungskosten ist zu bemerken, daß hiefür im Schrifttum gewöhnlich ein Betrag von 0,5 bis 2% als angemessen bezeichnet wird (35, 36, 37). Im vorliegenden Fall hat sich auf Grund der tatsächlichen Aufwendungen der obere Wert ergeben, was in der Hauptsache darauf zurückzuführen ist, daß das Netz verhältnismäßig alt ist und deshalb einer besonders sorgfältigen Instandhaltung bedarf.

Bei den im vorstehenden angegebenen Verteilungskosten ist außerdem zu berücksichtigen, daß das Leitungsnetz reichlich bemessen ist und deshalb sehr wohl in der Lage wäre, entsprechend höhere Leistungen und Mengen zu übertragen. Die spezifischen Verteilungskosten schließen also eine erhebliche Reserve in sich. Im übrigen ist ihre Höhe von der Gestaltung des Leitungsnetzes abhängig, die ihrerseits durch Ausdehnung, Bevölkerungs- und Absatzdichte des in Frage kommenden Versorgungsgebietes bedingt ist.

### 4. Die abnehmerabhängigen Kosten (Vertriebskosten).

Die Vertriebskosten, das heißt also die Kosten für Abnahme und Prüfung der Gasinnenanlagen, für Werbung, Hausdienst, Zählerbetrieb, Verrechnung einschließlich Mahnung und Inkasso, kurz alles das, was man unter dem Begriff Kundendienst und Abrechnung versteht, belaufen sich im vorliegenden Fall nach den Ausweisen der Buchhaltung auf

$$\underline{K_a = 13.\text{— RM./Abnehmer.}}$$

Dieser Betrag steht übrigens in guter Übereinstimmung mit einer vor kurzem aus der Elektrizitätswirtschaft bekanntgewordenen Zahl; für ein Überlandgebiet wurden für die abnehmerabhängigen Kosten Werte genannt, die je nach Zählergröße zwischen 12 und 15 RM./Jahr liegen (38).

Der für unser Beispiel angegebene Betrag stellt, genau genommen, einen Mittelwert dar, der sich aber ohne weiteres auf die Kleinabnehmerbelieferung anwenden läßt. Die Zahl der Großabnehmer, für die infolge der größeren Zähleranlagen höhere Vertriebskosten anfallen, ist in unserem Beispiel noch so gering, daß die durchschnittlichen Vertriebskosten hierdurch kaum beeinflußt werden.

# III. Die Grundsätze für die Umlegung der festen Erzeugungskosten.

Wenn die aus entsprechend aufbereiteten Kostenaufstellungen gewonnenen festen Kosten auf die einzelnen Abnehmergruppen bzw. Abnehmer umgelegt werden sollen, so entsteht die Frage nach dem Umlegungsschlüssel. Hierüber ist bereits eingangs dieser Ausführungen die Entscheidung dahingehend getroffen worden, daß das einfachste und gebräuchlichste der verschiedenen hiefür entwickelten Verfahren benutzt werden soll, nämlich das Spitzenlastanteilverfahren.

Die Umlegung der festen Kosten der Gasverteilung ebenso wie die Berücksichtigung der abnehmerabhängigen Kosten vollzieht sich bei der Gasversorgung in der gleichen Weise wie bei der Elektrizitätsversorgung. Bei Anwendung des Spitzenanteilverfahrens hat also die Umlegung der festen Kosten der Gasverteilung auf die verschiedenen Abnehmergruppen in dem Maß zu erfolgen, wie die einzelnen aus der Analyse der Belastungskurve gewonnenen Gruppenbelastungen an der Gesamtspitze beteiligt sind. Etwas anders liegen hingegen die Verhältnisse bei der Gaserzeugung. Das Problem der Umlegung der festen Kosten steht hier völlig unter dem Einfluß und der Auswirkung der Speichermöglichkeit des Gases, weshalb zunächst diese Frage einer besonderen Untersuchung bedarf.

## 1. Die Auswirkung der Speicherung auf die Beanspruchung der Gaserzeugungsanlagen.

Zwischen der dem Gaswerk von den Abnehmern aufgedrückten Belastung und der eigentlichen Gaserzeugungsanlage ist der Speicher als elastisches Zwischenglied eingeschoben. Die Rückwirkung des Speichers auf die Ofenbelastung ist derart, daß er die Netzbelastung und damit den Anteil jeder Abnehmergruppe an der Ofenleistung innerhalb eines bestimmten Zeitraumes, mindestens eines Tages, frei verschieblich macht. Die zeitliche Fixierung der Belastung wird also in bezug auf die Ofenanlage durch die Speicherung aufgehoben.

Der wirtschaftliche Sinn des Speichers besteht darin, eine Kostenersparnis herbeizuführen; das heißt also, die durch die Speicherung verursachten zusätzlichen Kosten müssen kleiner sein als die bei den übrigen Kosten der Erzeugungsanlagen bewirkte Ersparnis. Jede Abnehmergruppe hat das gleiche Bestreben nach geringsten Erzeugungskosten, also darnach, an den verhältnismäßig hohen Ofenkosten möglichst zu sparen und sich weitestgehend die niedrigen Speicherkosten zunutze zu machen. Daraus ergeben sich folgende Grundsätze für die Beanspruchung der Ofen- und Speicheranlage:

a) Die von jeder Abnehmergruppe beanspruchte Ofenleistung soll zu einem Minimum werden. Dies ist immer dann der Fall, wenn die Ausnutzung der Ofenleistung zu einem Maximum, also = 24 h wird. Die Tagesbenutzungsdauer der in der Zeit der Höchstbeanspruchung von den einzelnen Abnehmergruppen benötigten Ofenleistung wird somit zwar gleich groß, was aber noch keineswegs gleichbedeutend damit ist, daß nun für die Umlegung der festen Ofenkosten die Durchschnittskalkulation grundsätzlich berechtigt wäre.

b) Wenn die Beanspruchung der Ofenleistung ein Minimum und ihre Ausnutzung ein Maximum werden soll, dann bedingt dies, daß jede Abnehmergruppe von der Speichermöglichkeit weitestgehend Gebrauch macht.

Die Ausnutzungsmöglichkeit des Speichers steigt in dem Maß, in dem die Tagesbenutzungsdauer der Gruppenspitze jeder Abnehmergruppe zurückgeht, denn um so mehr bleibt Zeit, den Speicher aufzuladen. Im Grenzfall, nämlich dann, wenn die Tagesbenutzungsdauer = 24 h wird, besteht hierfür keine Möglichkeit mehr. Eine Beanspruchung des Speichers kommt in diesem Fall nicht in Frage, weshalb bei den Erzeugungskosten dann nur die eigentlichen Ofenkosten zu berücksichtigen sind, deren Umlegung in diesem Grenzfall genau den gleichen Gesetzen folgt, die auch in der Elektrizitätswirtschaft gelten.

c) In bezug auf die Speicheranlage bleibt die zeitliche Fixierung der von den Abnehmern aufgedrückten Belastung aufrechterhalten. Die Speicherkosten sind, genau genommen, so zu verteilen, wie die notwendige Speichergröße (gemessen in m$^3$) von den Abnehmern in Anspruch genommen wird. Das heißt aber, auch für die Speicheranlage besteht an sich grundsätzlich das gleiche Problem der Verteilung der festen Kosten wie bei der Elektrizitätsversorgung. Die Frage ist hier nur die, ob es sich lohnt, die Speicherkosten nach diesen Grundsätzen gesondert umzulegen und die hiefür notwendigen Ermittlungen anzustellen. Genügt es nicht vielmehr, die Speicherkosten etwa in dem gleichen Maß auf die einzelnen Abnehmergruppen aufzuteilen, wie dies für die Ofenkosten nach den im folgenden zunächst erörterten Grundsätzen zu geschehen hat?

## 2. Die Umlegung der Ofenkosten auf die Abnehmergruppen.

Zur besseren Klarlegung der Verhältnisse erscheint es notwendig, zunächst einige Formeln abzuleiten, die sich aus den in Abb. 5 schematisch dargestellten Belastungsverhältnissen ergeben.

## a) Begriffsbestimmungen und Bezeichnungen.

Es sollen folgende Begriffsbestimmungen und Bezeichnungen Verwendung finden:

Gruppenspitze am Tag der Höchstlast . . . . . . $N_{max}$ in m³/h,
Anteil jeder Gruppe an der Gesamtspitze am Tag der Höchstlast (Spitzenlastanteil) . . . . . . . . . . $N'_{max}$ in m³/h,
Jahresspitze jeder Abnehmergruppe . . . . . . . $N''_{max}$ in m³/h.

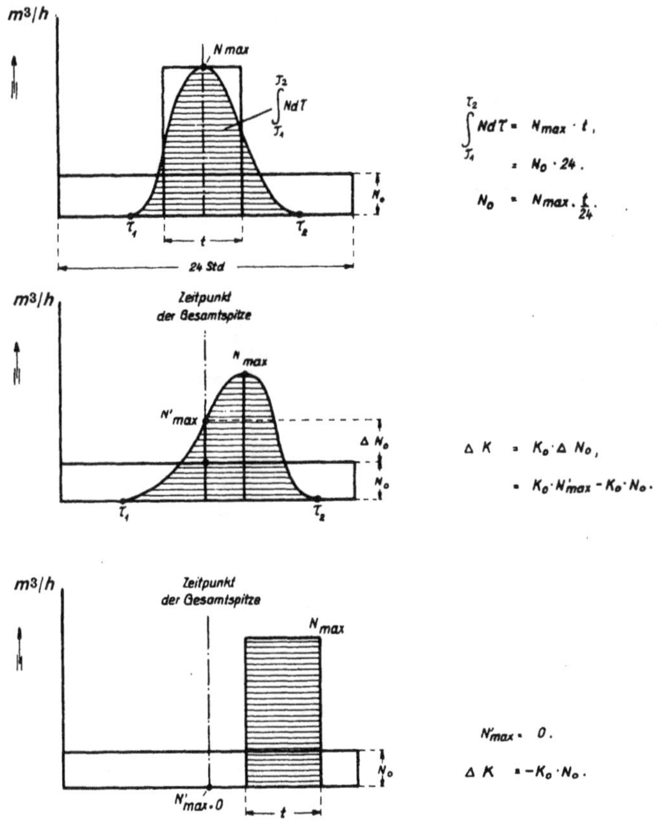


Abb. 5. Zusammenhänge zwischen Gruppenspitze $N_{max}$, Spitzenlastanteil $N'_{max}$ und Ofenleistung $N_0$.

Dabei kann sein: $N''_{max} = N'_{max} = N_{max}$. Diese Beziehung gilt in unserem Beispiel für die Haushaltgaslieferung. Für die Belastungsspitzen können aber auch, wie der Fall der Lichtbelastung zeigt, folgende Größenverhältnisse bestehen: $N''_{max} > N_{max} > N'_{max}$.

Den Leistungsbezeichnungen sollen weiterhin folgende Bezeichnungen der in Frage kommenden Benutzungsdauern entsprechen:

Tagesbenutzungsdauer der Gruppenspitze $N_{max}$ am Tag der Höchstlast . . . . . . . . . . . . . . . . . . . . . . $t$ in h,
Jahresbenutzungsdauer der Gruppenspitze $N_{max}$ am Tag der Höchstlast . . . . . . . . . . . . . . . . . . . . . . $T$ in h,
Jahresbenutzungsdauer des Spitzenlastanteiles $N'_{max}$ am Tag der Höchstlast . . . . . . . . . . . . . . . . . . . $T'$ in h,
Jahresbenutzungsdauer der Jahresgruppenspitze $N''_{max}$ . . $T''$ in h.

Für $N''_{max} = N_{max} = N'_{max}$ wird selbstverständlich $T'' = T = T'$. Diese Verhältnisse liegen wiederum bei der Haushaltgaslieferung vor.

Der Jahresgasbedarf jeder Abnehmergruppe ist gegeben durch den Ausdruck:

$$N''_{max} \cdot T'' = N_{max} \cdot T = N'_{max} \cdot T'.$$

Ist

$$N''_{max} > N_{max} > N'_{max},$$

so wird zwangsläufig

$$T' > T > T''.$$

Je nachdem, ob die Leistungen bei den Abnehmern oder beim Werk gemessen werden, beziehen sich die für den Gasbedarf ermittelten Werte auf die nutzbare Abgabe oder die Erzeugung (bzw. Beschaffung).

Der Höchstwert, den $T''$ annehmen kann, beträgt 8760 h. Hiefür muß dann auch $T$ und $T' = 8760$ h sein. Die Benutzungsdauern $T'$ und $T$ können je nach den gegenseitigen Größenverhältnissen von $N_{max}$, $N'_{max}$ und $N''_{max}$ auch Werte annehmen, die über 8760 h liegen. Sie sollen dann als »scheinbare« Jahresbenutzungsdauern bezeichnet werden. Im Grenzfall, nämlich dann, wenn $N_{max}$ und $N'_{max} = 0$ ist, wird $T$ und $T' = \infty$. Dies gilt in unserem Beispiel für die Raumheizung.

Daß hierfür die Durchführung der Rechnung im Gegensatz zu den bei der Elektrizitätsversorgung bestehenden Verhältnissen außer dem Spitzenlastanteil und der zugehörigen Benutzungsdauer auch noch die Gruppenspitze am Tag der Höchstbelastung und deren Benutzungsdauer benötigt wird, ergibt sich, wie im folgenden noch gezeigt werden wird, unter der Auswirkung der Speicherung.

### b) Die allgemeinen rechnerischen Grundlagen der Kostenumlegung.

Auf Grund der vorstehenden Bezeichnungen gilt für den Belastungsverlauf irgendeiner Abnehmergruppe nach Abb. 5a zunächst folgendes:

Die Tagesbenutzungsdauer $t$ ist bestimmt durch den Ausdruck

$$\int_{\tau_1}^{\tau_2} N \cdot d\tau = N_{max} \cdot t,$$

woraus sich die bekannte Definition für die Tagesbenutzungsdauer ergibt:

$$t = \frac{\int_{t_1}^{t_2} N \cdot d\tau}{N_{max}} \quad . \quad . \quad . \quad . \quad . \quad . \quad . \quad . \quad (1)$$

Da die von jeder Abnehmergruppe im Verlauf von 24 h benötigte Gasmenge $N_{max} \cdot t$ mit Rücksicht auf die Kosten durch eine möglichst niedrige Ofenleistung hergestellt werden soll und dies dann der Fall ist, wenn die Benutzungsdauer der Ofenleistung zu einem Maximum, also $= 24$ h wird, errechnet sich die von jeder Abnehmergruppe am Tag der Höchstbeanspruchung benötigte Ofenleistung $N_0$ zu:

$$N_{max} \cdot t = N_0 \cdot 24 \, ,$$

woraus sich ergibt

$$N_0 = N_{max} \cdot \frac{t}{24} = N_{max} \cdot m. \quad . \quad . \quad . \quad . \quad . \quad (2)$$

Der Ausdruck $\frac{t}{24}$ stellt bekanntlich nichts anderes als den Tagesbelastungsfaktor »$m$« dar. Damit ist also bereits folgendes wichtiges Ergebnis erhalten:

Die von jeder Abnehmergruppe am Tag der allgemeinen Höchstlast in Anspruch genommene Ofenleistung ist bestimmt durch das Produkt aus Gruppenspitze und Tagesbelastungsfaktor der betreffenden Abnehmergruppe an diesem Tag. In diesem Verhältnis sind die festen Ofenkosten umzulegen. Im Gegensatz zu der Kostenrechnung in der Elektrizitätsversorgung ist also hier unter der Auswirkung der Speicherung nicht etwa der Anteil jeder Gruppe an der Gesamtspitze, sondern die Gruppenspitze selbst für die Kostenverteilung maßgebend.

Da unter $K_0$ die jährlichen Ofenkosten in RM./m³/h zu verstehen sind, trifft auf jede Abnehmergruppe ein Kostenanteil von

$$K_0 \cdot N_0 = K_0 \cdot N_{max} \cdot \frac{t}{24} = K_0 \cdot N_{max} \cdot m. \quad . \quad . \quad . \quad . \quad . \quad (3)$$

Es kann nunmehr bereits die Ersparnis an Ofenkosten berechnet werden, die sich bei der Gaserzeugung aus der Speichermöglichkeit ergibt. Wären die Verhältnisse wie bei der Elektrizitätsversorgung gelagert, würde also die Beanspruchung der Gaserzeugungsanlagen in allen ihren Teilen durch die Spitzenlastanteile der Abnehmergruppen bedingt sein, so ergäben sich hiefür nach Abb. 5b die Kosten $K_0 \cdot N'_{max}$.

Die Kostenersparnis in RM. beträgt somit

$$\varDelta K_0 = K_0 \left[ N'_{max} - N_{max} \cdot \frac{t}{24} \right], \quad . \quad . \quad . \quad . \quad . \quad . \quad (4)$$

wobei zunächst die aus der Inanspruchnahme des Speichers entstehenden zusätzlichen Kosten vernachlässigt werden sollen, eine Voraussetzung, deren Berechtigung sich später noch erweisen wird.

Die Analyse der Belastungskurven hat gezeigt, daß für eine Reihe von Abnehmergruppen, darunter zwangsläufig auch für die größte, nämlich die Haushaltgaslieferung, die Gruppenspitze mit der Gesamtspitze zusammenfällt, daß also für diese Abnehmergruppen $N_{\max} = N'_{\max}$ ist. Hiefür vereinfacht sich Gl. (4) weiterhin zu

$$\varDelta K_0 = K_0 \cdot N_{\max}\left[1 - \frac{t}{24}\right] \qquad \text{(4a)}$$

Die prozentuale Kostenersparnis errechnet sich daraus schließlich zu

$$100\,\frac{\varDelta K_0}{K_0 \cdot N_{\max}} = 100\left[1 - \frac{t}{24}\right] \qquad \text{(4b)}$$

In Abb. 6a ist zunächst gemäß Gl. (4b) die prozentuale Kostenersparnis als Funktion der Tagesbenutzungsdauer $t$ dargestellt. Es ergibt sich hiefür eine Gerade, in deren Lage zum Ausdruck kommt, daß die Ersparnis um so größer wird, je kleiner die Tagesbenutzungsdauer $t$ ist. Im Grenzfall, also für $t = 24$ h, wird die Ersparnis $= 0$, was sich wieder damit erklärt, daß dann, wenn eine Leistung gleichmäßig über 24 h hinweg benötigt wird, keine Zeit zum Aufladen des Tagesspeichers verbleibt. Der andere Grenzfall ist für $t = 0$, also für den Belastungsstoß, gegeben. Hierfür beträgt theoretisch die Ersparnis 100%, denn der augenblickliche Belastungsstoß wird vom Speicher aufgefangen, während die zugehörige Verbrauchsmenge so gering (im Grenzfall $= 0$) ist, daß die Ofenanlage nicht merklich bzw. überhaupt nicht beansprucht wird.

Die Kostenersparnis $\varDelta K_0$ kann, wie der Aufbau der Gl. (4) zeigt, auch negativ werden; das heißt, aus der Inanspruchnahme der Speichermöglichkeit durch bestimmte Abnehmergruppen entsteht für andere Gruppen im Vergleich zu den bei der Elektrizitätsversorgung gegebenen Verhältnissen eine Kostenerhöhung, und zwar dann, wenn $N'_{\max}$ kleiner als $N_{\max} \cdot \frac{t}{24}$ oder im Grenzfall zu Null wird. Dies ist darauf zurückzuführen, daß im Gegensatz zur Elektrizitätsversorgung in unserem Fall — wenigstens innerhalb eines Zeitraumes von 24 h — infolge der ausgleichenden Wirkung des Speichers keine sogenannte »freie Leistung« zuzeiten schwacher Belastung verfügbar ist. Anders liegen die Verhältnisse allerdings, wenn man größere Zeiträume, etwa mehrere Monate oder das ganze Jahr betrachtet. Nach den Grundsätzen der Elektrizitätswirtschaft würde beispielsweise in dem Belastungsfall nach Abb. 5c eine Umlegung von festen Werkskosten auf die fragliche Abnehmergruppe nicht in Betracht kommen, weil ihr

Spitzenlastanteil $N'_{max} = 0$ ist. Unter der Wirkung des Speichers, der alle Abnehmergruppen gleichstellt und die Nachteile ebenso aber auch die Vorteile der zeitlichen Lage der Gruppenbelastungen aufhebt, muß die hier betrachtete Abnehmergruppe ebenfalls mit festen Erzeugungskosten, und zwar entsprechend der von ihr in Anspruch genommenen Ofenleistung $N_0$ belastet werden.

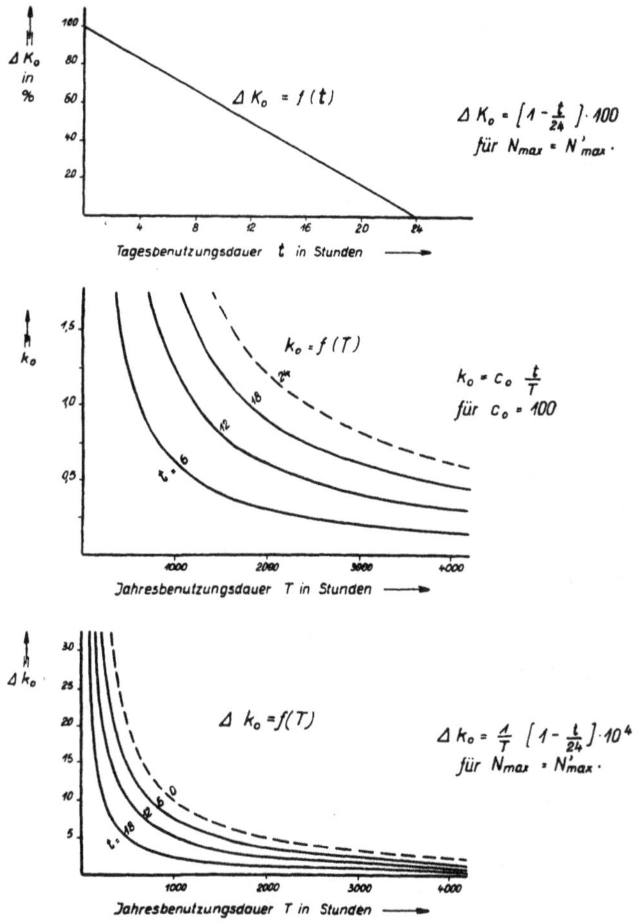


Abb. 6. Die Kostenfunktionen in Abhängigkeit von der Tages- und Jahresbenutzungsdauer.

Die durchschnittlichen Kosten $k_0$ in Rpf./m³ berechnen sich schließlich zu:

$$k_0 = 100 \frac{K_0 \cdot N_0}{N_{max} \cdot T},$$

wobei die gesamte für die betreffende Abnehmergruppe im Verlauf eines Jahres zu erzeugende Gasmenge durch den Ausdruck $N_{max} \cdot T$

bestimmt ist. Unter Verwendung von Gl. (3) ergibt sich dann weiter:

$$k_0 = 100 \frac{K_0}{24} \cdot \frac{t}{T} = 100 \frac{K_0}{T} \cdot \frac{t}{24} \quad . \quad . \quad . \quad . \quad . \quad . \quad . \quad . \quad (5)$$

Die Gl. (5), deren Faktoren sich, wie man sieht, auf zweifache Weise zusammenfassen lassen, bedarf einer besonderen Betrachtung, denn sie entscheidet die grundsätzliche Frage, ob und inwieweit für die Umlegung der festen Ofenkosten die bisher im allgemeinen geübte Durchschnittskalkulation zulässig und anwendbar ist. Hierauf soll aber, um den Gang der weiteren rechnerischen Entwicklung nicht zu unterbrechen, erst am Schluß dieses Abschnittes eingegangen werden.

Die Abhängigkeit des Anteils der Ofenkosten von dem Verhältnis der Tages- zur Jahresbenutzungsdauer $\frac{t}{T}$ besagt zunächst jedenfalls folgendes:

Der Kostenanteil je $m^3$ wird um so geringer, je kleiner die Tagesbenutzungsdauer $t$ ist. Dies ist eben darauf zurückzuführen, daß dann um so mehr die Speichermöglichkeit ausgenutzt werden kann. Der Kostenanteil nimmt aber auch in dem Maße ab, in dem andererseits die Jahresbenutzungsdauer $T$ ansteigt. In dieser Beziehung liegen die gleichen Verhältnisse wie bei der Umlegung der festen Kosten in der Elektrizitätsversorgung vor.

Aus Abb. 6b ist der Verlauf der spezifischen Kosten $k_0$ für verschiedene Tagesbenutzungsdauern $t$ in Abhängigkeit von der Jahresbenutzungsdauer $T$ zu entnehmen. Der Anteil der festen Kosten zeigt, wie in allen derartigen Fällen, eine hyperbolische Charakteristik; mit wachsender Jahresbenutzungsdauer sinken die Durchschnittskosten rasch ab. Andererseits tritt, wie im vorstehenden gezeigt worden ist, für die meisten Abnehmergruppen wieder eine gewisse Erhöhung dadurch ein, daß eine hohe Benutzungsdauer $T$ ohne eine entsprechende Tagesbenutzungsdauer $t$ in der Regel nicht möglich sein wird.

Die Kurvenschar der Abb. 6b wird nach oben durch die für den Wert $t = 24$ h geltende Hyperbel begrenzt. Hiefür ergibt sich also der größte Anteil der festen Kosten, weil eben eine Herabsetzung der benötigten Ofenleistung unter der Auswirkung der Speicherung in diesem Fall nicht mehr möglich ist. Für $t = 0$, also für den Belastungsstoß, wird auch der Anteil der festen Kosten wiederum zu Null, sofern die durch die Inanspruchnahme des Speichers bedingten Aufwendungen vernachlässigt werden.

Die durchschnittliche Ersparnis an Ofenkosten, also die Ersparnis je $m^3$, errechnet sich schließlich aus Gl. (4) zu:

$$\Delta k_0 = 100 \frac{\Delta K_0}{N_{max} \cdot T} = 100 \frac{K_0}{T} \left[ \frac{N'_{max}}{N_{max}} - \frac{t}{24} \right] \quad . \quad . \quad . \quad . \quad . \quad (6)$$

Die Kostenersparnis kann wieder in Übereinstimmung mit den Ausführungen zu Gl. (4) negativ werden, und zwar dann, wenn $N'_{max}$ sehr klein oder gleich Null ist.

Für Abnehmergruppen, deren Gruppenspitze mit der allgemeinen Belastungsspitze zusammenfällt, für die also $N'_{max} = N_{max}$ ist, vereinfacht sich Gl. (6) weiterhin wie folgt:

$$\Delta k_0 = 100 \frac{K_0}{T} \left[1 - \frac{t}{24}\right] \quad \text{. . . . . . . . (6a)}$$

und für $K_0 = 100$ wird schließlich

$$\Delta k_0 = \frac{1}{T} \left[1 - \frac{t}{24}\right] \cdot 10^4 \quad \text{. . . . . . . . . (6b)}$$

Für die prozentuale Ersparnis an Durchschnittskosten, die

$$100 \frac{\Delta k_0}{k_0} = 100 \left[1 - \frac{t}{24}\right]$$

beträgt, ergibt sich selbstverständlich der gleiche Ausdruck, der schon nach Gl. (4b) für die prozentuale Ersparnis an absoluten Kosten ermittelt worden ist. Die prozentualen Ersparnisse sind, wie vielleicht noch zu erwähnen ist, unabhängig von der Jahresbenutzungsdauer $T$ und nur durch den Tagesbelastungsfaktor $\frac{t}{24}$ bestimmt.

Der Verlauf der spezifischen Kostenersparnis in Rpf./m³ unter der Auswirkung der Speichermöglichkeit ist für verschiedene Werte der Tagesbenutzungsdauer $t$ in Abhängigkeit von der Jahresbenutzungsdauer $T$ der Abb. 6c zu entnehmen. Grundsätzlich ist aus dem Kurvenverlauf wieder zu ersehen, daß mit rückläufiger Tagesbenutzungsdauer $t$ die Kostenersparnis stark zunimmt. Für $t = 0$, also für den Belastungsstoß, erreicht in Übereinstimmung mit den bisherigen Ausführungen auch die spezifische Ersparnis wieder ihren Höchstwert; umgekehrt wird für $t = 24$ h diese Ersparnis zu Null. Da der auf 1 m³ entfallende Anteil der festen Kosten $k_0$, wie schon bei Besprechung der Abb. 6b erläutert worden ist, mit wachsender Benutzungsdauer sehr rasch abnimmt, geht selbstverständlich auch die durch Gl. (6b) bestimmte spezifische Kostenersparnis entsprechend zurück. Je größer also die Jahresbenutzungsdauer $T$ wird, um so weniger unterscheiden sich die Verhältnisse bei der Gaserzeugung von dem Kostenaufbau in der Elektrizitätsversorgung, weil die Auswirkung der Speichermöglichkeit immer mehr zurücktritt.

Mit den vorstehenden, mehr theoretischen Erörterungen ist das Ziel verfolgt worden, den charakteristischen Unterschied möglichst klar und deutlich aufzuzeigen, der hinsichtlich der Umlegung der festen Erzeugungskosten unter dem Einfluß der Speicherung zwischen der Gas- und Elektrizitätsversorgung besteht.

### c) Die Durchschnittskalkulation und die Grenzen ihrer Anwendbarkeit.

Angesichts der Kapitalintensität der Energieversorgungsbetriebe kann, wie bereits erwähnt, eine Kostensenkung in der Hauptsache nur durch Hebung der Benutzungsdauer erreicht werden. Dies gilt grundsätzlich für die Gasversorgung in gleicher Weise wie für die Elektrizitätsversorgung und bedeutet die Abkehr von dem Gedanken der Durchschnittskalkulation.

Wie sich für die Umlegung der festen Ofenkosten, also für den ausschlaggebenden Teil der Gaserzeugungskosten, die Verhältnisse in dieser Beziehung gestalten, darüber gibt die im vorstehenden entwickelte Gl. (5) Aufschluß, auf die hier nunmehr näher eingegangen werden soll.

Der Ausdruck

$$k_0 = 100 \frac{K_0}{24} \cdot \frac{t}{T} = 100 \frac{K_0}{T} \cdot \frac{t}{24}$$

enthält zwei Veränderliche, wovon die eine, nämlich »$t$«, den Ablauf der Tagesbelastung zur Zeit der Höchstbeanspruchung und die andere, nämlich »$T$«, den Ablauf der Jahresbelastung der betreffenden Abnehmergruppe zum Ausdruck bringt. Würde das Verhältnis $\frac{t}{T}$, das als »Kostenumlegungsfaktor« bezeichnet werden soll, für alle Abnehmergruppen gleich sein und auch bei sich ändernden Bezugsverhältnissen, also bei verschiedenen Jahresbenutzungsdauern, gleich bleiben, dann würde die allgemeine Durchschnittskalkulation gerechtfertigt sein, denn dann würde $k_0$ zu einer Konstanten und alle Abnehmergruppen wären stets mit dem gleichen Anteil der festen Ofenkosten zu belasten, mögen die Bezugsverhältnisse sonst liegen wie sie wollen.

Welche Werte sich für das Verhältnis der Tagesbenutzungsdauer zur Jahresbenutzungsdauer nun tatsächlich ergeben, ist für unser Beispiel der nachfolgenden Übersicht zu entnehmen, wobei gleichzeitig

Zahlentafel 2.

**Die Kostenumlegungsfaktoren für die einzelnen Abnehmergruppen.**

| Nr. | Abnehmergruppe | Tages-benutzungs-dauer $t$ h | Jahres-benutzungs-dauer $T$ h | Umlegungs-faktor $100 \frac{t}{T}$ | Abweichungen vom Gesamtwert in % |
|---|---|---|---|---|---|
| 1 | Haushalt . . . . . . . . | 6,45 | 1785 | 0,361 | + 16,1 |
| 2 | Großabnehmer . . . . . | 12,83 | 4035 | 0,318 | + 2,3 |
| 3 | Gewerbe . . . . . . . . | 8,14 | 2685 | 0,303 | — 2,6 |
| 4 | Straßenbeleuchtung . . . | 8,82 | 3355 | 0,263 | — 15,4 |
| 5 | Städtische Anlagen . . . | 9,87 | 3890 | 0,254 | — 18,3 |
| 6 | Innenbeleuchtung . . . . | 2,71 | 1285 | 0,211 | — 32,2 |
| 7 | Raumheizung. . . . . . | 0 | ∞ | 0 | —100,0 |
| | insgesamt: | 9,53 | 3060 | 0,311 | — |

die einzelnen Abnehmergruppen nach der Größe dieses Verhältnisses geordnet sind.

Diese Aufstellung ist außerordentlich aufschlußreich, denn sie besagt, daß für die einzelnen Abnehmergruppen die Tagesbenutzungsdauer, die Jahresbenutzungsdauer und schließlich auch das Verhältnis $100 \frac{t}{T}$ tatsächlich sehr verschiedene Werte annimmt, die in unserem Fall zwischen 0 und 0,36 liegen. Es ist somit bereits der Nachweis dafür erbracht, daß die allgemeine Durchschnittskalkulation für die Umlegung der festen Ofenkosten nicht ohne weiteres zulässig sein kann.

Allerdings liegt bei den hier bestehenden Abnahmeverhältnissen der Kostenumlegungsfaktor $100 \frac{t}{T}$ für die meisten Abnehmergruppen innerhalb gewisser Grenzen; er bewegt sich im vorliegenden Fall, wenn man von der Raumheizung absieht, zwischen den Werten 0,21 und 0,36. Für solche Abnehmergruppen, deren Kostenumlegungsfaktor nicht zu sehr von dem für die Gesamtbelastung geltenden Wert von 0,311 abweicht, wäre deshalb, soweit die Erzeugungskosten in Frage kommen, die Durchschnittskalkulation näherungsweise möglich, und zwar zunächst einmal für die Kostennachprüfung bestehender Absatzverhältnisse.

Die Grenzen der Anwendbarkeit dieser vereinfachten Rechnung brauchen dabei nicht zu eng gezogen werden, wenn man berücksichtigt, daß bei einer Reihe von Abnehmergruppen die anteiligen festen Erzeugungskosten nur einen Bruchteil der Gesamtkosten ausmachen und gegenüber den Verteilungs- und Vertriebskosten in den Hintergrund treten. Dies gilt in unserem Beispiel insbesonders für die Gruppe der Haushaltabnehmer, die, wie die Zahlentafel 2 zeigt, bei genauer Rechnung am stärksten mit anteiligen Ofenkosten zu belasten sind. Die Haushaltabnehmer haben eben im Verhältnis zu ihrer Tagesbenutzungsdauer keine entsprechend hohe Jahresbenutzungsdauer aufzuweisen. Es ist dies in der Hauptsache auf den bekannten, mit der Küchenbeheizung in Zusammenhang stehenden Rückgang des Kochgasbezuges während der kalten Jahreszeit zurückzuführen.

Dem für die Gesamtbelastung festgestellten Wert des Kostenumlegungsfaktors kommen die gewerblichen und Großabnehmer am nächsten. Für die Raumheizung schließlich erreicht der Kostenumlegungsfaktor seinen günstigsten Wert, nämlich = 0. Dies ist in unserem Beispiel darauf zurückzuführen, daß die Periode der höchsten Werksbeanspruchung auf die Zeit von Ende August bis anfangs September gefallen ist, also Gas für Raumheizzwecke zu dieser Zeit überhaupt nicht benötigt wurde. Darauf ergibt sich in Übereinstimmung mit den Grundsätzen der Elektrizitätsversorgung, daß eine solche Abnehmergruppe mit festen Kosten nicht belastet werden darf; diese Abnehmergruppe spielt in der Kostenrechnung etwa die gleiche Rolle wie die Nachtstromabnahme in der Elektrizitätsversorgung. Die Anwendung der Durchschnittskalkulation wäre in diesem Fall also grundlegend verfehlt.

Wenn von der Durchschnittskalkulation Gebrauch gemacht werden soll, muß man sich über die Grenzen der Genauigkeit und den Fehler, der etwa dabei begangen wird, im klaren sein. Auf jeden Fall sollte stets dann, wenn man von der genauen Rechnung abgehen will, sorgfältig nachgeprüft werden, ob dies mit Rücksicht auf den Belastungsverlauf der betreffenden Abnehmergruppe auch zulässig erscheint. Der Kostenumlegungsfaktor stellt dabei ein verhältnismäßig einfaches und bequemes Mittel dar, um sich rasch den nötigen Überblick hierüber zu verschaffen.

Während die Anwendbarkeit der Durchschnittsrechnung zum Zweck der Nachkalkulation davon abhängt, daß der Kostenumlegungsfaktor der betreffenden Abnehmergruppe nicht zu sehr von dem für die Gesamtbelastung geltenden Wert abweicht, ist für ihre Eignung zum Zwecke der Vorkalkulation entscheidend, daß der Kostenumlegungsfaktor $100 \frac{t}{T}$ auch bei sich ändernden Abnahmeverhältnissen einigermaßen unverändert bleibt. Dabei ist zwischen folgenden beiden Fällen zu unterscheiden:

Entspricht der für eine bestimmte Abnehmergruppe festgestellte und als unveränderlich anzusehende Kostenumlegungsfaktor zugleich einigermaßen dem für die Gesamtbelastung geltenden Wert, so ist die allgemeine Durchschnittskalkulation anwendbar. Weicht hingegen der für eine Abnehmergruppe ermittelte Kostenumlegungsfaktor von dem für die Gesamtbelastung geltenden Wert erheblich ab, so gilt nur die Durchschnittskalkulation »im engeren Sinn«.

Wenn der Kostenumlegungsfaktor, also das Verhältnis $100 \frac{t}{T}$, konstant bleiben soll, dann müssen sich Tages- und Jahresbenutzungsdauer stets ungefähr im gleichen Sinn und im gleichen Maß ändern. Einer Verdoppelung der Jahresbenutzungsdauer müßte also auch eine Verdoppelung der Tagesbenutzungsdauer entsprechen. Die Frage ist aber die, ob nicht etwa statt dessen nur der Wert $\frac{t}{24}$, der den Belastungsablauf am Tag der Höchstbeanspruchung charakterisiert, für sich als unveränderlich anzusehen ist. Der Anteil der festen Kosten wäre in diesem Fall dann für jede beliebige Jahresbenutzungsdauer gegeben durch einen Ausdruck von der Form $c_t \cdot \frac{K_0}{T}$ und somit, wie dies von der Kostengestaltung in der Elektrizitätswirtschaft her bekannt ist, umgekehrt proportional der Jahresbenutzungsdauer $T$. Für eine derartige Abnehmergruppe würde also die Durchschnittskalkulation dann nicht zulässig sein.

Untersucht man nun die einzelnen Abnehmergruppen daraufhin, ob der Ausdruck $\frac{t}{T}$ oder aber der Wert $\frac{t}{24}$ konstant ist, so ergibt sich, daß beides der Fall sein kann, und zwar je nachdem, in welcher Richtung sich die Absatzverhältnisse der einzelnen Abnehmergruppen durch die Werbemaßnahmen beeinflussen lassen. Ändert sich der Belastungsverlauf in der Zeit der Höchstbeanspruchung und das ganze Jahr über etwa im gleichen Maß, so wird das Verhältnis $100 \frac{t}{T}$ einigermaßen unverändert bleiben, also die Durchschnittskalkulation zulässig sein. Dies gilt grundsätzlich für die Abnehmergruppen Gewerbe, Großabnehmer und Straßenbeleuchtung.

Die Gaslieferung an Gewerbe und Industrie ist, wenn man von wenigen typischen Saisonbetrieben absieht, im allgemeinen nur geringen jahreszeitlichen Schwankungen unterworfen. Deshalb wird sich bei diesen Abnehmergruppen in der Regel eine Verbesserung der Jahresbenutzungsdauer nur durch eine Erhöhung der Tagesbenutzungsdauer erreichen lassen. Je größer die Zahl der gewerblichen und Großabnehmer wird und um so länger sich der Gasbezug dieser Abnehmer ausdehnt, beispielsweise durch Erhöhung der Nachtbelastung, um so gleichmäßiger wird der Verlauf der Tagesbelastungskurve werden. Auch bei der Straßenbeleuchtung kann übrigens eine gewisse Vergleichmäßigung der Tagesbelastungskurve erzielt werden, und zwar dadurch, daß die Brennzeit der sogenannten halbnächtigen Beleuchtung verlängert wird; deshalb wachsen auch bei dieser Abnehmergruppe Tagesbenutzungsdauer und Jahresbenutzungsdauer annähernd im gleichen Maß.

Beim Haushalt hingegen liegen die Verhältnisse derart, daß durch die Werbemaßnahmen sowohl die Tages- und Jahresbenutzungsdauer zusammen, als auch die Jahresbenutzungsdauer allein beeinflußt werden kann. Ersteres gilt für die Heißwasserbereitung, die nicht so sehr zu einer Erhöhung als vielmehr zu einer Ausweitung der Tagesbelastungskurve beiträgt. Soweit aber Tages- und Jahresbenutzungsdauer etwa im gleichen Maß anwachsen, ist der Kostenumlegungsfaktor $100 \frac{t}{T}$ unveränderlich. Für den überwiegenden Teil des Gasbedarfes im Haushalt hingegen, nämlich für den Kochgasbezug, ist der Tagesbelastungsfaktor $\frac{t}{24}$ einigermaßen als konstant anzusehen, weshalb hier dann auch die Durchschnittskalkulation im engeren Sinn nicht mehr gilt.

Die Kochgewohnheiten der Hausfrauen liegen fest, ebenso wie die Kochzeiten im wesentlichen durch die Arbeitszeiten gebunden sind, die in dem betreffenden Versorgungsgebiet bestehen. In der Hauptsache kann es sich hier nur darum handeln, die jahreszeitlichen Schwankungen im Gebrauch des Gasherdes möglichst zu beseitigen und auf diese Weise eine Erhöhung der Jahresbenutzungsdauer $T$ zu bewirken. Es muß also darauf hingearbeitet werden, daß der Gasherd mehr als bisher auch in den Wintermonaten benutzt wird. Daß diese Frage mit der Art der Küchenbeheizung im engsten Zusammenhang steht, ist bereits erwähnt worden.

Für das uns als Beispiel dienende Versorgungsgebiet sind über diese Frage bereits früher eingehende Untersuchungen angestellt worden, die zu dem Ergebnis geführt haben, daß der Ausfall in der Gaslieferung, der unter dem Einfluß der Witterung und der dadurch notwendig werdenden Küchenbeheizung entsteht, mehr als 30% der jährlichen Kochgasabgabe beträgt (39). Man macht sich vielfach kaum ein richtiges Bild davon, wie stark die Auswirkung der Witterungsverhältnisse auf die Energielieferung für Kochzwecke in solchen Versorgungsgebieten sein kann, die wie in unserem Beispiel starken Temperaturrückgängen unterworfen sind und in denen zudem infolge der Zusammensetzung der Bevölkerung die Wohnküche besonders zahlreich vertreten ist.

Um hierüber noch weiter Klarheit zu schaffen, ist die Analyse der Gasbelastungskurven außer für die Zeit der Höchstbelastung Ende August/Anfang September auch noch für die Tage im Monat Dezember durchgeführt worden, auf die gleichzeitig die Höchstbelastung in der Elektrizitätsversorgung gefallen ist.

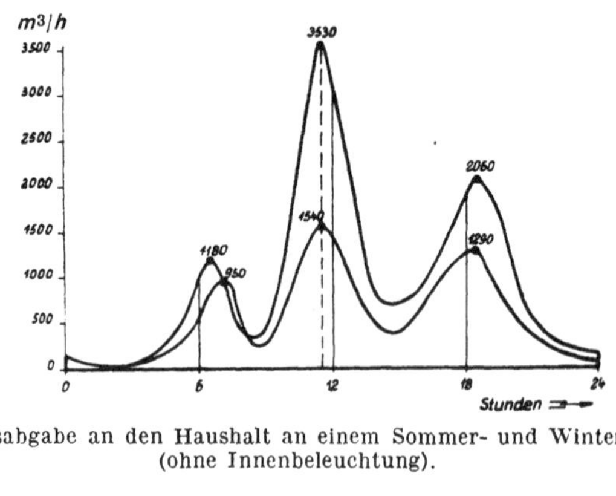


Abb. 7. Gasabgabe an den Haushalt an einem Sommer- und Winter-Werktag (ohne Innenbeleuchtung).

Wie die Abb. 7 zeigt, macht in unserem Beispiel der Rückgang der Haushaltgaslieferung zwischen den beiden vorgenannten Zeitabschnitten unter dem Einfluß der Witterung bzw. der Küchenbeheizung nicht weniger als 42% aus, während sich die Mittagskochspitze noch stärker, nämlich um 56% vermindert hat. Angesichts dieser Verhältnisse wird es verständlich, daß wenigstens in unserem Fall in den Wintermonaten »freie Leistung« für die Heizgaslieferung zur Verfügung steht.

### 3. Die Umlegung der Speicherkosten auf die Abnehmergruppen.

In dem Maß, wie die Tagesbenutzungsdauer kleiner und die Speicherbeanspruchung größer ist, müssen die einzelnen Abnehmergruppen an der Aufbringung der Speicherkosten beteiligt werden. Die Speicherkosten sind abhängig von der Speichergröße, gemessen in m³. Es muß deshalb zunächst die Frage der benötigten Speichergröße erörtert werden.

a) Die Ermittelung des notwendigen Speicherraumes.

Erfahrungsgemäß beläuft sich die Speichergröße auf 60 bis 70% der höchsten täglichen Gaserzeugung (40, 41). Nicht selten finden sich aber auch Werte, die bis zu 50% heruntergehen, ebenso wie man andererseits Speichergrößen antreffen kann, die einem Mehrfachen der höchsten täglichen Gaserzeugung entsprechen.

Die notwendige Speichergröße ergibt sich aus dem Gesamtbelastungsablauf, wobei davon ausgegangen werden soll, daß es sich hier immer nur um die Tagesspeicherung, nicht aber um die Wochenspeicherung oder um einen noch größeren Zeitabschnitt handelt. Dies schließt selbstverständlich nicht aus, daß sich die Auswirkung des Tagesspeichers unter Umständen über mehrere Tage einer Woche erstreckt.

Zwei charakteristische Werte im Belastungsablauf eines Jahres beeinflussen in erster Linie die Speichergröße, nämlich die größte Gasmenge, die er im Laufe des Jahres in dem Zusammenspiel von Ladung und Entladung auf einmal bzw. unmittelbar hintereinander abzugeben oder aufzunehmen hat.

α) *Bemessung des Speichers im Hinblick auf die größte Gasabgabe.*

Ausschlaggebend für die Bemessung des Speichers im Hinblick auf die größte Gasabgabe ist in erster Linie die Abnehmergruppe, deren täglicher Gasbedarf einerseits sehr hoch, andererseits aber auch besonders starken kurzzeitigen Schwankungen unterworfen ist. Wie die Analyse der Belastungskurven gezeigt hat, gilt dies für den Haushaltgasbezug. Die größte Abgabe, die dem Speicher in unserem Beispiel abverlangt wird, fällt auf den Tag der Jahreshöchstbelastung, der sich mit dem Tag der Jahreshöchsterzeugung deckt. Sie ist aus dem Belastungsdiagramm dieses Tages herauszusuchen (s. stark umrandete Fläche in Abb. 8) und beträgt 10000 m³. Da sich demgegenüber die gesamte Tageserzeugung auf 48895 m³ beläuft, gehen also — vom Standpunkt der Kostenrechnung aus gesehen — nicht weniger als rd. 80% der Erzeugung ohne Beanspruchung des Behälterraumes unmittelbar ins

Netz, während nur für 20% von der Speichermöglichkeit Gebrauch gemacht werden muß. Dieser Betrag ist erstaunlich gering, wenn man berücksichtigt, daß die Tagesbelastungskurve in unserem Beispiel doch immerhin ziemlich starke Schwankungen aufweist; Höchst- und Mindestwert der Belastung verhalten sich etwa wie 8 : 1.

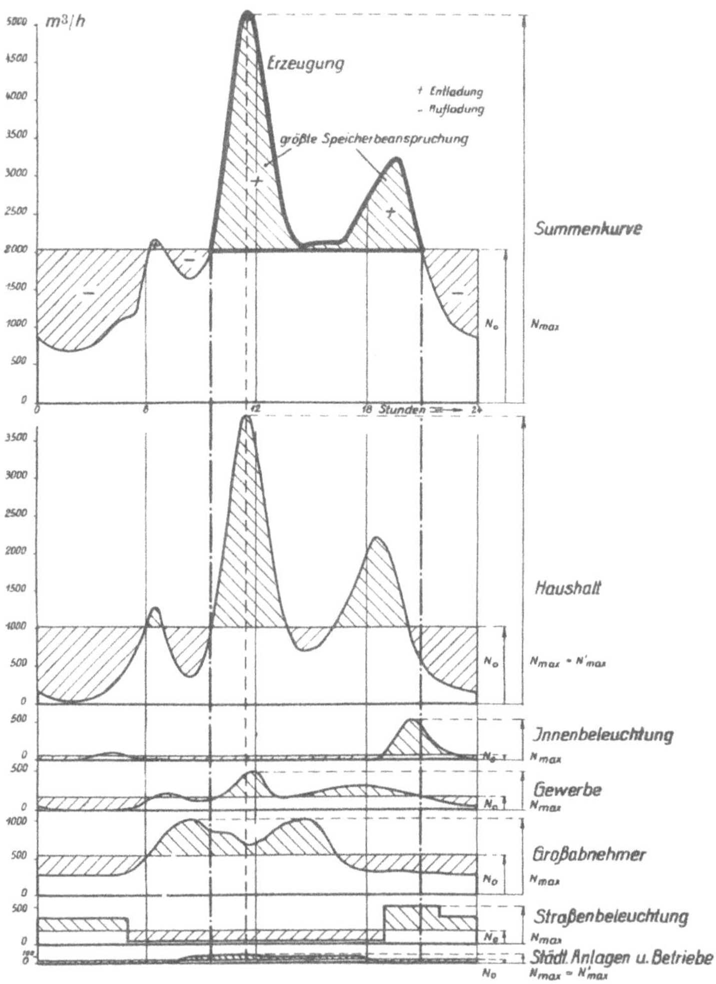


Abb. 8. Belastungs- und Speicheranalyse für den Tag der Jahreshöchstlast (bezogen auf die Erzeugung).

Die höchste Speicherbeanspruchung ist im übrigen, wie dies ebenfalls Abb. 8 erkennen läßt, kleiner als die Summe aller durch die einzelnen Abnehmergruppen hervorgerufenen Ladungen bzw. Entladungen innerhalb 24 h und unterscheidet sich hievon um so mehr, je größer die »Periodizität« der Speicherbeanspruchung ist, das heißt, je häufiger sich

Ladung und Entladung innerhalb 24 h aufeinanderfolgen. Im vorliegenden Fall beläuft sich die resultierende gleichzeitige Speicherbeanspruchung auf rd. 71% der Summe der Einzelbeanspruchungen (s. a. Zahlentafel 4).

*β) Bemessung des Speichers im Hinblick auf die größte Gasaufnahme.*

Es ist nun festzustellen, ob die größte Gasaufnahme, die von dem Speicher im Laufe eines Jahres gefordert werden muß, den im vorstehenden ermittelten Wert nicht etwa noch übersteigt.

Die Gaserzeugung ist nach oben durch die Größe der Ofenanlage begrenzt. Sie vermag sich auch nötigenfalls durch Änderung der Ausstehzeit, Wechsel zwischen Schwach- und Starkgasbeheizung, Vornahme der Wassergaserzeugung im Naßbetrieb in den Kammern oder in einer besonderen Anlage usw. einigermaßen den Belastungsschwankungen anzupassen, die nicht schon ohne weiteres durch den zwischengeschalteten Behälterraum aufgefangen werden. Allerdings kann die Gaserzeugung im Gegensatz etwa zu der elektrischen Kraftwerksleistung in der Regel nicht ohne betriebliche Nachteile für kürzere Zeit unter einen gewissen Mindestbetrag abgesenkt werden. Dies gilt vor allem dann, wenn etwa besondere Rücksicht auf die Beanspruchung und Haltbarkeit der Ofenanlage ebenso wie auf die Qualität des Gases und Kokses genommen werden muß. Die niedrigstmögliche Gaserzeugung steht somit unter Umständen in einem bestimmten Verhältnis zur größtnotwendigen Erzeugung und ist an diese gebunden.

Die Zeit des niedrigsten Gasverbrauches trifft gewöhnlich auf die Tage, in denen kein oder nur ein geringer Bedarf an Gewerbe- und Industriegas besteht und in denen vielleicht noch dazu die Kochgasabgabe rückläufig ist. Der größte Ausfall an Gewerbe- und Industriegas tritt an den Sonn- und Feiertagen ein, und zwar besonders dann, wenn solche Feiertage unmittelbar aufeinanderfolgen, das heißt also an Weihnachten, Ostern und Pfingsten. Bezüglich des Kochgasbedarfes an diesen Tagen liegen die Verhältnisse so, daß er zwar durch die Feiertage einerseits erhöht, andererseits aber durch die kalte Witterung an Weihnachten und unter Umständen auch noch an Ostern wieder ermäßigt werden kann. Dies ist, wie schon einmal erwähnt, darauf zurückzuführen, daß die Hausfrauen mit Rücksicht auf die Küchenbeheizung bei kühler Witterung erfahrungsgemäß wieder mehr den Kohleherd benutzen. Der Kochgasbedarf an Pfingsten ist zwar hievon nicht beeinflußt, wohl aber kann er bei günstiger Witterung durch die dann gegebene Ausflugsmöglichkeit fühlbar herabgedrückt werden. Wie die Verhältnisse in unserem Beispiel liegen, zeigt die nachfolgende Aufstellung.

Zahlentafel 3.

**Rückgang der Gasabgabe an Feiertagen.**

| Tag | Gasabgabe ins Netz in % der höchsten Gasabgabe |
|---|---|
| Weihnachtstag | 80 |
| 1. Weihnachtsfeiertag | 62 |
| 2. Weihnachtsfeiertag | 58 |
| Karfreitag | 63 |
| Karsamstag | 72 |
| 1. Osterfeiertag | 56 |
| 2. Osterfeiertag | 48 |
| Pfingstsamstag | 81 |
| 1. Pfingstfeiertag | 54 |
| 2. Pfingstfeiertag | 50 |

In unserem Beispiel hat sich jedenfalls ergeben, daß der Rückgang des Gasbedarfes noch in solchen Grenzen bleibt, daß ihm die Gaserzeugung ohne nennenswerte betriebliche Nachteile zu folgen vermag. Eine Ausweichemöglichkeit besteht zudem bekanntlich noch darin, daß zu Beginn einer Reihe von Feiertagen der Behälter möglichst entleert und dann während der Feiertage durch die etwa noch nicht genügend eingeschränkte und überschüssige Gaserzeugung aufgefüllt wird.

Wäre der Belastungsrückgang in den vorbezeichneten Zeitabschnitten stärker bzw. könnte die Ofengaserzeugung nicht ohne Nachteil entsprechend gedrosselt werden, so wäre für die notwendige Speichergröße tatsächlich nicht die Höchstbeanspruchung des Werkes, sondern die Zeit des geringsten Gasabsatzes entscheidend. Die Speicherkosten müßten dann in einem solchen Fall gerechterweise auf die Abnehmergruppen umgelegt werden, die einerseits für die Ofengröße und damit auch für die hieran gebundene Mindesterzeugung verantwortlich zu machen sind, die aber andererseits auch die besonders geringe Gasabnahme während der vorerwähnten Feiertage verursachen. Solche Fälle sind durchaus denkbar, und nicht selten wird die Bemessung der Speichergröße gerade mit Rücksicht auf die Aufnahme der Gaserzeugung während der Zeitabschnitte besonders geringer Belastung erfolgen müssen.

In unserem Beispiel ist aber, wie gesagt, nicht das Aufnahmevermögen des Speichers in den Tagen geringster Belastung, sondern die Abgabemöglichkeit in der Zeit der höchsten Belastung für die Bemessung der Speichergröße maßgebend.

### *γ) Die Bemessung der Speichergröße im vorliegenden Fall.*

Der vorhandene Speicherraum erweist sich im vorliegenden Fall erheblich größer als der tatsächlich benötigte, selbst wenn man berücksichtigt, daß der durch die Analyse ermittelte Wert von 10000 m³ schon aus allgemeinen betrieblichen Gründen, insbesonders mit Rücksicht auf die genügende Durchmischung des erzeugten Gases, dann weiterhin im Hinblick auf eine unbedingt notwendige Reserve, auf die Beweglichkeit des Betriebes und anderes mehr, noch beträchtlich zu erhöhen ist.

Bei Beurteilung der nicht nur in unserem Beispiel, sondern auch in zahlreichen anderen Fällen vorhandenen großen Behälterräume ist außerdem zu bedenken, daß der Ablauf der Gasbelastung sich gegen frühere Jahre wohl meistens erheblich ausgeglichen hat. Die ehedem aufgetretenen Lichtspitzen sind verschwunden. An ihre Stelle ist zwar eine Kochbelastung getreten, die aber, wie die Analyse der Belastungskurve gezeigt hat, nicht nur einmal, sondern dreimal am Tag in Erscheinung tritt, also an sich schon eine nicht ungünstige Benutzungsdauer aufweist. Dazu kommt dann noch der ausgleichende Einfluß der industriellen Gasabgabe, die sich üblicherweise während der Mittagsstunden, also gerade im Zeitpunkt der höchsten Kochgasabgabe, verringert. Diese ausgleichende Wirkung wird sich im Laufe der Zeit noch verstärken, je mehr der Anteil der industriellen Gasabgabe anwächst. In diesem Zusammenhang ist an die Mittagseinsenkung in der Belastungskurve der meisten Elektrizitätswerke zu erinnern, die durch den Rückgang des gewerblichen und industriellen Strombedarfes bedingt ist (s. Abb. 4). Auf dieser Tatsache beruht bekanntlich im wesentlichen die Kochstromkalkulation der Elektrizitätsversorgung. Die vorerwähnten Umstände wirken sich jedenfalls dahin aus, daß heute vielleicht im Vergleich zu früher mit verhältnismäßig geringeren Speichergrößen auszukommen sein wird. Dies gilt besonders dort, wo durch das Vorhandensein einer Wassergasanlage die Erzeugung an sich schon kurzzeitig in weiten Grenzen veränderlich ist.

### b) Analyse und Synthese der Speicherbeanspruchung — Umlegung der Speicherkosten.

Wenn nun also die Speichergröße in unserem Fall durch die Beanspruchung am Tag des Höchstbedarfes bedingt ist, dann sind gerechterweise die einzelnen Abnehmergruppen an der Tragung der Speicherkosten in dem Verhältnis zu beteiligen, wie diese Kosten von jeder Abnehmergruppe verursacht worden sind.

Die aus der Analyse der Belastungskurven hervorgehende Analyse des größten Speicherbedarfes gibt hierüber Auskunft. Aus Abb. 8 ist für die Gesamtbelastung ebenso wie für sämtliche Abnehmergruppen die maximale Ofenleistung $N_0$ sowie der Verlauf der Speicherbeanspruchung über 24 h zu entnehmen. Ebenso geht aus dieser Abbildung die resultierende höchste Beanspruchung des Speichers hervor, die, wie schon erwähnt, um so geringer ist, je häufiger innerhalb 24 h der Wechsel zwischen Ladung und Entladung erfolgt.

Wie sich nun diese größte Speicherbeanspruchung am Tag der Höchstlast aus den Einzelbeanspruchungen zusammensetzt, die von den verschiedenen Abnehmergruppen hervorgerufen werden, ist aus den folgenden Zahlenangaben ersichtlich, die durch Auswertung der Abb. 8 gewonnen worden sind.

Zahlentafel 4.

**Zusammensetzung der größten Speicherbeanspruchung.**

| Abnehmergruppe | Entladung | Aufladung | Ergebnis | |
|---|---|---|---|---|
| | + m³ | — m³ | ± m³ | % |
| Haushalt | 9200 | 900 | +8300 | +83,0 |
| Innenbeleuchtung | 600 | 600 | 0 | 0 |
| Gewerbe | 1300 | 0 | +1300 | +13,0 |
| Großabnehmer | 2000 | 1050 | + 950 | + 9,5 |
| Raumheizung | 0 | 0 | 0 | 0 |
| Straßenbeleuchtung | 600 | 1400 | — 800 | — 8,0 |
| Städtische Anlagen und Betriebe | 300 | 50 | + 250 | + 2,5 |
| zusammen: | 14000 | 4000 | 10000 | 100 |

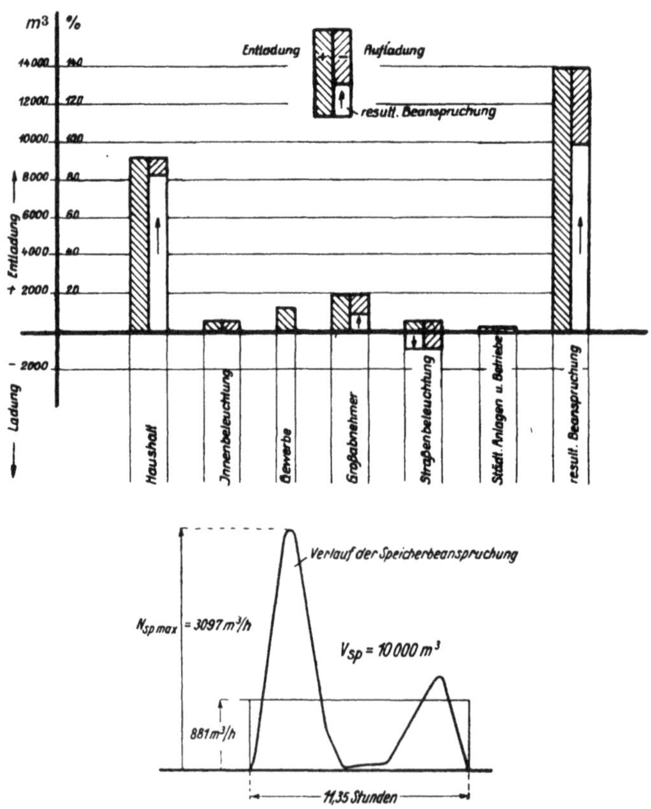


Abb. 9. Zusammensetzung der größten Speicherbeanspruchung.

Zum besseren Verständnis sind die Werte der Zahlentafel 4 nochmals in Abb. 9 dargestellt, um das Zusammenspiel von Ladung und Entladung aufzuzeigen, aus dem die größte Speicherbeanspruchung entsteht.

Die Ermittlung des tatsächlichen Speicherbedarfes entzieht sich im allgemeinen einer rechnerischen Behandlung; hier führt nur die Analyse der Belastungskurven zum Ziel.

So wie diese Analyse die Umlegung der Ofenkosten ermöglicht, so erschließt die hieraus hervorgehende Analyse des Speicherbedarfes die Aufteilung der benötigten Speichergröße auf die einzelnen Abnehmergruppen zum Zweck der Kostenumlegung. Dabei ist es, wie schon erwähnt, durchaus möglich, daß auch Abnehmergruppen vorhanden sind, die durch die günstige zeitliche Lage ihrer Belastung den insgesamt benötigten Speicherraum nicht vergrößern, sondern im Gegenteil verkleinern. Für solche Abnehmergruppen — in unserem Beispiel kommt hiefür allerdings nur die Straßenbeleuchtung in Betracht — tritt dann eine Kostenentlastung ein, die der Verringerung der Behältergröße entspricht.

### 4. Kritik und Grenzen der Umlegungsverfahren für die Erzeugungskosten.

Nachdem nunmehr grundsätzlich der Weg aufgezeigt worden ist, auf dem sich auch die Speicherkosten entsprechend den in der Elektrizitätswirtschaft geltenden Grundsätzen auf die einzelnen Abnehmergruppen gerechterweise umlegen lassen, ist noch die Frage zu klären, ob es sich denn überhaupt lohnt, diese Umlegung tatsächlich so vorzunehmen.

Die absoluten Speicherkosten (in RM./Jahr) betragen in unserem Beispiel insgesamt nur 10,2% der sogenannten Ofenkosten bzw. 9,3% der gesamten festen Erzeugungsaufwendungen. Wäre im vorliegenden Fall der Speicherraum nicht reichlich überbemessen, dann würde dieser Wert vielleicht sogar noch auf 5 oder 6% zurückgehen. Eingezogene Erkundigungen haben ergeben, daß auch bei anderen Werken die jährlichen Speicherkosten keinesfalls den Betrag von 10% der festen Erzeugungskosten überschreiten. Wenn aber schon feststeht, wie die Ofenkosten, also 90 bis 95% der gesamten Erzeugungskosten, umzulegen sind, dann sollte es tatsächlich nicht allzuviel ausmachen, wenn auch die übrigen 5 bis 10% der festen Kosten noch nach dem gleichen, allerdings für sie an sich nicht zutreffenden Umlegungsschlüssel verteilt werden.

#### a) Vergleich zwischen vereinfachtem und genauem Umlegungsverfahren.

Bevor man sich zu dieser vereinfachten Rechnung entschließt, ist jedoch noch zu prüfen, ob nicht etwa das obenerwähnte insgesamt geltende gegenseitige Verhältnis von Ofenkosten zu Speicherkosten für einzelne Abnehmergruppen eine wesentliche Änderung dann erfährt, wenn der genaue, für die Ofenkosten und Speicherkosten jeweils verschiedene Umlegungsschlüssel angewandt wird. Es wäre schließlich denkbar, daß dabei eine derartige Verschiebung des Anteils an Ofen- und Speicherkosten eintritt, daß die vorerwähnte Vereinfachung zum mindesten für bestimmte Abnehmergruppen nicht mehr zugelassen werden könnte.

Das Ergebnis der Vergleichsrechnung ist aus der nachfolgenden Aufstellung ersichtlich, während die Durchführung der Rechnung im einzelnen aus dem in der Anlage beigefügten Berechnungsblatt hervorgeht.

Zahlentafel 5.

**Vergleich zwischen vereinfachtem und genauem Kostenumlegungsverfahren.**

| Nr. | Abnehmergruppe | Ofenkosten und Speicherkosten getrennt umgelegt – Umlegungsschlüssel: für die Ofenkosten % | für die Speicherkosten ±%[1] | resultierend % | Speicherkosten nach dem Schlüssel der Ofenkosten umgelegt % | Durchschnittskosten: nach genauem Umlegungsverfahren Rpf./m³ | nach vereinfachtem Umlegungsverfahren Rpf./m³ | Unterschied gegenüber dem genauen Umlegungsverfahren: ± Rpf. je m³[1] | ± %[1] |
|---|---|---|---|---|---|---|---|---|---|
| 1 | Haushalt . . | 50,5 | +83,0 | 53,6 | +50,5 | 4,94 | 4,66 | –0,28 | – 5,67 |
| 2 | Innenbeleuchtung . . . . | 3,0 | 0 | 2,7 | + 3,0 | 2,46 | 2,72 | +0,26 | +10,57 |
| 3 | Gewerbe . . . | 8,15 | +13,0 | 8,6 | + 8,15 | 4,13 | 3,92 | –0,21 | – 5,08 |
| 4 | Großabnehmer . . . . | 27,0 | + 9,5 | 25,3 | +27,0 | 3,85 | 4,10 | +0,25 | + 6,50 |
| 5 | Raumheizung | 0 | 0 | 0 | 0 | 0 | 0 | 0 | 0 |
| 6 | Straßenbeleuchtung. | 9,19 | – 8,0 | 7,6 | + 9,19 | 2,79 | 3,38 | +0,59 | +21,15 |
| 7 | Städt. Anlagen u. Betriebe . | 2,16 | + 2,5 | 2,2 | + 2,16 | 3,28 | 3,24 | –0,04 | – 1,22 |
| | insgesamt: | 100,0 | 100,0 | 100,0 | 100,0 | 4,01 | 4,01 | — | — |

Wie die Zahlentafel 5 zeigt, wirkt sich das vereinfachte Umlegungsverfahren derart aus, daß neben dem Gewerbe vor allem der Haushalt etwas von Speicherkosten entlastet wird, obwohl es gerade die Haushaltabnehmer sind, die infolge ihrer stark wechselnden Abnahme einen entsprechenden Behälterraum notwendig machen. Zum Ausgleich hierfür werden, wenn man von der Innenbeleuchtung absieht, die Großabnehmer, insbesondere aber die Straßenbeleuchtung zusätzlich mit Speicherkosten belastet.

Die Kostenumlagerungen, die sich bei Anwendung der vereinfachten Rechnung ergeben, sind an sich gering und betragen für die meisten Abnehmergruppen etwa $\frac{1}{4}$ Pfennig, während der prozentuale Fehler,

[1]) »+« Erhöhung, »—« Ermäßigung.

von der Straßenbeleuchtung abgesehen, zwischen 5 und 10% liegt. Bei den Großabnehmern allerdings, bei denen unter Umständen auf Bruchteile von Pfennigen genau kalkuliert werden muß, kann die durch die vereinfachte Rechnung hervorgerufene Kostenerhöhung von 0,25 Rpf./m³ sehr wohl ins Gewicht fallen. Der größte prozentuale Fehler ist in unserem Beispiel bei der Straßenbeleuchtung entstanden, wobei die Abweichung von der genauen Rechnung immerhin 21% ausmacht. Dieses Ergebnis wird verständlich, wenn man bedenkt, daß im vorliegenden Fall einzig und allein die Straßenbeleuchtung zu einer Verringerung der Speichergröße beiträgt und demzufolge von Speicherkosten zu entlasten wäre; die Anwendung der vereinfachten Rechnung erbringt statt dessen auch für diese Abnehmergruppe eine Belastung mit Speicherkosten. Jedenfalls muß man sich, wenn die vereinfachte Rechnung angewandt werden soll, durchaus wiederum der Fehler bewußt sein, die dabei unter Umständen begangen werden. Im übrigen beweisen wohl die aus der Zahlentafel 5 ersichtlichen Ergebnisse der Vergleichsrechnung, daß es für die Zwecke der Praxis im allgemeinen durchaus genügen wird, die Speicherkosten mit den Ofenkosten zusammenzufassen und die gesamten Erzeugungskosten nach dem für die Umlegung der Ofenkosten ermittelten Schlüssel auf die Abnehmergruppen zu verteilen, denn es sind dabei noch folgende Umstände zu berücksichtigen:

Der Anteil der festen Kosten der Gaserzeugung macht für die meisten Abnehmergruppen nur einen Bruchteil der gesamten Kosten aus, die außerdem noch die beweglichen Kosten der Gaserzeugung sowie die umzulegenden Verteilungs- und Vertriebskosten in sich schließen. Lediglich bei der Großabnehmerbelieferung ist zu bedenken, daß dort die Vertriebskosten keine und die Verteilungskosten unter Umständen nur eine geringe Rolle spielen. Der Anteil der festen Kosten der Gaserzeugung kann dort also verhältnismäßig stärker ins Gewicht fallen. Für die vereinfachte Rechnung spricht im übrigen aber noch weiterhin, daß für die Bemessung der Speichergröße in vielen Fällen nicht nur der tatsächliche, den Bedürfnissen der einzelnen Abnehmergruppen entsprechende Raumbedarf maßgebend ist, sondern daß hierauf auch noch andere Gründe der allgemeinen Betriebsführung, der Reservehaltung usw. maßgeblichen Einfluß besitzen. Der Zusammenhang zwischen den von den einzelnen Abnehmergruppen unmittelbar verursachten Kosten und den tatsächlich anfallenden Speicherkosten wird also vielfach nur ein sehr loser sein, ganz abgesehen wieder davon, daß die Speicherkosten in ihrer Größenordnung völlig gegenüber den sogenannten Ofenkosten zurücktreten. Schließlich dürfen auch hier wiederum die Genauigkeitsgrenzen nicht außer acht gelassen werden, die dem Spitzenlastanteilverfahren im allgemeinen und der Analyse der Belastungskurven im besonderen gezogen sind (42). Der Fehler, der durch die einheitliche

Umlegung der gesamten Erzeugungskosten entstehen kann, dürfte jedenfalls innerhalb dieser Grenzen liegen, die im übrigen bei der Gasversorgung durch die vielfach nur schätzungsweise zu erfassenden Auswirkungen von Druck- und Temperaturschwankungen wohl noch weiter als bei der Elektrizitätsversorgung zu ziehen sind.

### b) Vergleich zwischen Durchschnittskalkulation und vereinfachtem Umlegungsverfahren.

Wenn nun also weiterhin unter Verzicht auf die Aufspaltung der Erzeugungskosten in ihre beiden Bestandteile die Kostenumlegung ausschließlich nach dem für die Ofenkosten geltenden Schlüssel erfolgen soll, so ist es notwendig, dieses Rechnungsverfahren noch in Vergleich zu der reinen Durchschnittskalkulation zu setzen, um zahlenmäßig aufzuzeigen, welche Unterschiede zwischen diesen beiden Verfahren noch bestehen.

Auf Grund früherer Angaben betragen für unser Beispiel

die spezifischen Ofenkosten . . $K_0 = 280$ RM./m³/h und
die spezifischen Speicherkosten . $K_{Sp} = 5{,}85$ RM./m³.

Werden die gesamten Erzeugungskosten nunmehr als Einheit betrachtet und auf die Ofenleistung bezogen, so errechnen sich auf Grund der absoluten Jahresaufwendungen im vorliegenden Fall die spezifischen Erzeugungskosten $K_e$ zu 310 RM./m³/h.

Damit ergeben sich aus der in der Anlage beigefügten Berechnungsübersicht die nachfolgenden, in die Zahlentafel 6 aufgenommenen Werte.

Zahlentafel 6.

**Vergleich zwischen Durchschnittskalkulation und vereinfachtem Kostenumlegungsverfahren.**

| Nr. | Abnehmergruppe | Umgelegte Erzeugungskosten | | Abweichungen gegenüber dem vereinfachten Verfahren | |
|---|---|---|---|---|---|
| | | nach vereinfachtem Verfahren Rpf./m³ | nach Durchschnittskalkulation Rpf./m³ | Rpf./m³ | % |
| 1 | Haushalt . . . . . . . . . . . | 4,66 | 4,01 | —0,65 | —13,95 |
| 2 | Innenbeleuchtung . . . . . . . | 2,72 | 4,01 | +1,29 | +47,40 |
| 3 | Gewerbe. . . . . . . . . . . . | 3,92 | 4,01 | +0,09 | + 2,30 |
| 4 | Großabnehmer. . . . . . . . . . | 4,10 | 4,01 | —0,09 | — 2,20 |
| 5 | Raumheizung . . . . . . . . . | 0 | 4,01 | +4,01 | +∞ |
| 6 | Straßenbeleuchtung . . . . . . | 3,38 | 4,01 | +0,63 | +18,64 |
| 7 | Städtische Anlagen und Betriebe | 3,24 | 4,01 | +0,77 | +23,75 |
| | insgesamt: | 4,01 | 4,01 | 0 | 0 |

Die Zahlentafel 6 bestätigt das schon früher gefundene Ergebnis, daß nämlich die allgemeine Durchschnittskalkulation nicht für alle Abnehmergruppen anwendbar ist. Ihre Ergebnisse weichen selbst dann noch zu sehr ab, wenn man, wie im vorliegenden Fall, schon ein vereinfachtes Rechnungsverfahren anwendet. In Frage kommen könnte die Durchschnittskalkulation wiederum in Übereinstimmung mit früheren Feststellungen in erster Linie für die gewerblichen und Großabnehmer, da dort die Unterschiede verhältnismäßig sehr gering sind. Zu völlig unmöglichen Ergebnissen aber würde die Durchschnittskalkulation bei der Raumheizung führen, die nach den unserem Beispiel zugrunde liegenden Belastungsverhältnissen von den festen Kosten der Erzeugungsanlagen völlig frei gehalten werden muß, während sich nach der Durchschnittskalkulation ein umzulegender Betrag von nicht weniger als 4,01 Rpf./m$^3$ ergeben würde. Auch hierauf ist schon früher bei Besprechung der allgemeinen Kostenumlegungsgleichung (5) hingewiesen worden.

## IV. Die Grundsätze für die Umlegung der festen Verteilungskosten.

Es ist bereits erwähnt worden, daß sich bei Anwendung des Spitzenlastanteilverfahrens die Umlegung der festen Kosten der Gasverteilung auf die einzelnen Abnehmergruppen in der gleichen Weise wie bei der Elektrizitätsversorgung vollzieht, denn das Gasverteilungsnetz unterscheidet sich vom betriebswirtschaftlichen Standpunkt aus betrachtet grundsätzlich nicht von einem elektrischen Leitungsnetz.

### 1. Die Ermittelung des Kostenumlegungsschlüssels.

Während für die Umlegung der festen Kosten der Erzeugung mit Rücksicht auf die Speicherbarkeit des Gases erst die notwendigen Rechnungsverfahren entwickelt und in ihrer Auswirkung erörtert werden mußten, genügt es an dieser Stelle wohl, lediglich den Umlegungsschlüssel für die Verteilungskosten anzuführen, der auf den Spitzenlastanteil jeder Abnehmergruppe zurückgeht. Unter Benutzung der in Zahlentafel 1 angeführten, aus der Analyse der Belastungskurve gewonnenen Werte ergibt sich hiefür umstehende Zahlentafel 7.

Entsprechend den in der Elektrizitätswirtschaft geltenden Grundsätzen werden also diejenigen Abnehmergruppen mit Verteilungskosten nicht belastet, die das Leitungsnetz während der Zeit der allgemeinen Höchstbelastung nicht in Anspruch nehmen. In unserem Beispiel gilt dies für die Abnehmergruppen Innenbeleuchtung, Raumheizung und praktisch auch für die Straßenbeleuchtung. Der ganz geringe

Zahlentafel 7.

**Umlegung der Gasverteilungskosten.**

| Nr. | Abnehmergruppe | Spitzenlast-anteil $N'_{max}$ m³/h | Umlegungs-schlüssel % | Durchschnitts-kosten Rpf./m³ (nutzbare Abgabe) |
|---|---|---|---|---|
| 1 | Haushalt . . . . . . . . . . . . | 3530 | 74,7 | 7,39 |
| 2 | Innenbeleuchtung . . . . . . . . | 0 | 0 | 0 |
| 3 | Gewerbe . . . . . . . . . . . . | 440 | 9,3 | 4,80 |
| 4 | Großabnehmer. . . . . . . . . . | 630 | 13,3 | 2,17 |
| 5 | Raumheizung . . . . . . . . . . | 0 | 0 | 0 |
| 6 | Straßenbeleuchtung . . . . . . . | 30 | 0,6 | 0,25 |
| 7 | Städtische Anlagen und Betriebe | 100 | 2,1 | 3,39 |
| | insgesamt: | 4730 | 100,0 | 4,31 |

auf diese Abnehmergruppe entfallende Kostenanteil an den Übertragungsanlagen ist auf die wenigen, auch tagsüber in Unterführungen usw. brennenden Lampen zurückzuführen. Daß die Raumheizung im vorliegenden Fall nicht mit Übertragungskosten belastet wird, rührt wiederum davon her, daß die allgemeine Höchstbelastung in die Zeit von Ende August bis Anfang September gefallen ist, also ein Gasbedarf für die Zwecke der Raumheizung zu diesem Zeitpunkt nicht vorlag.

## 2. Die Ausnutzung der Speicherung für die Gasverteilung.

Wenn auch die Speicherbarkeit des Gases das Umlegungsverfahren für die Verteilungskosten nicht beeinflussen kann, so besteht doch unter Umständen die Möglichkeit einer Rückwirkung auf die Verteilungskosten, wenn man in Betracht zieht, daß von der Speicherbarkeit des Gases sich nicht nur an der Erzeugungsstätte, sondern ebensogut auch an einzelnen Abnahmestellen und in Verbrauchsschwerpunkten Gebrauch machen läßt.

Wenn ein Großabnehmer beispielsweise in seinem Betrieb einen Gasbehälter aufstellt, so erschließt er sich damit die Möglichkeit, in den für die Verteilungsanlagen kritischen Mittagsstunden die Gasentnahme aus dem allgemeinen Leitungsnetz entweder einzuschränken oder sogar ganz einzustellen. Aus dieser bedeutungsvollen Möglichkeit, mit der Gasabnahme der Hauptbelastungszeit des Netzes nötigenfalls auszuweichen, ergibt sich bei Anwendung des Spitzenlastanteilverfahrens zwangsläufig, daß solche Abnehmer dann von Verteilungskosten entlastet werden. Die zusätzlichen Aufwendungen, die durch einen derartigen, gewöhnlich sehr kleinen Behälter samt Zubehör verursacht werden, stehen jedenfalls in keinem Verhältnis zu den Ersparnissen, die sich durch die Verringerung oder den Fortfall der Verteilungskosten ergeben. Dieses Verfahren kann sich mitunter tatsächlich als notwendig erweisen, wenn anders es nicht möglich wäre, die niederen Gaspreise zu erschließen, die eben für gewisse industrielle Anwendungsgebiete notwendig sind. Die Frage, wer die Kosten eines solchen Zwischenbehälters trägt, läßt sich nur von Fall zu Fall entscheiden und richtet sich darnach, in wessen Interesse die Aufstellung vor allem liegt. Im übrigen wird man selbstverständlich nur dann hievon Gebrauch machen, wenn sogenannte »freie Netzleistungen« nicht mehr zur Verfügung stehen bzw. bisher frei gewesene Leistungen für andere Zwecke benötigt werden.

Das Verfahren der Aufstellung von Zwischenbehältern, die man geradezu als »Tankstellen« bezeichnen könnte, ist im übrigen bekanntlich auch für ganze Abnehmergruppen — mag es sich dabei um einzelne Bezirke oder um ganze Städte handeln — anwendbar und kann gegebenenfalls wesentlich zu einer besseren Ausnutzung der bestehenden Leitungsanlagen und damit zu der so vielfach geforderten und dringend erwünschten Verbilligung der Übertragungskosten beitragen. Nicht zuletzt wird die Aufstellung derartiger, in den Zeiten schwacher Belastung — also vor allem nachtsüber — aufzuladender Zwischenbehälter, die als Hoch- oder Niederdruckspeicher ausgebildet werden können, zu einer beträchtlichen Materialersparnis führen, weil dadurch die Verstärkung vorhandener Gasverteilungsnetze entweder auf einen späteren Zeitpunkt verlegt oder sogar vollständig überflüssig werden kann. Ein derartiges Vorgehen liegt insbesonders auch im Sinne des Vierjahresplanes.

Die Vermeidung der Hauptbelastung durch örtliche Speicherung findet sich bekanntlich auch in der Elektrizitätswirtschaft, wo ebenfalls mit Rücksicht auf die Beanspruchung der Erzeugungs- und Übertragungsanlagen die Stromabnahme gewisser Abnehmergruppen durch tarifliche Maßnahmen möglichst auf die Nachtzeit verlegt wird; es sei hier nur an die Heißwasserspeicher, an größere Kühlanlagen, dann an alle die Anwendungsgebiete erinnert, bei denen die Verwendung von Akkumulatoren möglich ist. In der Elektrizitätsversorgung steht nun allerdings nicht der einfache und billige Weg der unmittelbaren Speicherung wie in der Gasversorgung zur Verfügung; man ist dort im allgemeinen auf die mittelbare Speicherung, also auf die Umwandlung der elektrischen Energie angewiesen, sei es in Wärmeenergie wie bei der Heißwasserbereitung, sei es in chemische Energie wie bei den Akkumulatoren.

Ein Vergleich zwischen der Analyse der Gas- und Strombelastungskurven (Abb. 2 u. 4) lehrt, daß die Mittagskochspitze hinsichtlich der Gestaltung der Verteilungskosten in der Gasversorgung eine ähnliche Rolle wie etwa die sogenannte Lichtspitze in der Elektrizitätsversorgung spielt. In tariflicher Hinsicht würden sich deshalb notwendigenfalls auch die gleichen Mittel anwenden lassen, mit deren Hilfe die Elektrizitätswirtschaft den Nachteilen einer derartigen Spitzenbelastung zu begegnen sucht, nämlich Einführung sogenannter »hoher Tarifzeiten« unter Benutzung von Doppeltarifzählern oder Berechnung entsprechender Leistungspreise für die in die Spitzenzeit fallenden Belastungen. Diese Verfahren hätten allerdings wohl nur für solche Abnehmergruppen Bedeutung, die tatsächlich auch die Möglichkeit besitzen, der Kochspitze auszuweichen.

Im übrigen ist zu berücksichtigen, daß sich die Gasverteilungsnetze infolge ihres Ausgleichs- und Pufferungsvermögens im Betrieb besonders elastisch verhalten, denn sie stellen selbst eine Art von Speicher dar. Belastungsschwankungen vermögen sie deshalb auch leichter und einfacher zu überwinden als die spannungsempfindlichen elektrischen Leitungsnetze.

# B. Die Kostengleichungen in der Gasversorgung und ihre Auswirkungen auf die Tarifgestaltung.

Nachdem in den vorausgegangenen Abschnitten die Grundsätze erörtert worden sind, die bei Anwendung des Spitzenanteilverfahrens für die Umlegung der festen Kosten der Gaserzeugung und -verteilung gelten, ist es nunmehr möglich, die allgemeinen Kostengleichungen aufzustellen, mit deren Hilfe sich dann für beliebige Benutzungsdauern sowohl die durchschnittlichen Gruppenkosten als auch die Kosten für einzelne Abnehmer ermitteln lassen.

## I. Aufstellung der Kostengleichungen.

Die gesamten Jahreskosten einer Abnehmergruppe setzen sich aus vier Teilen zusammen; sie betragen auf Grund der bisherigen Ausführungen und unter Anwendung des vereinfachten für die Erzeugungskosten geltenden Umlegungsverfahrens in RM.:

$$K = K_e \cdot N_{\max} \cdot \frac{t}{24} + K_n \cdot N'_{\max} + K_a \cdot z + \frac{1}{100} k_b \cdot N_{\max} \cdot T. \quad (7)$$

Unter $K_e$ sind dabei, wie im vorausgegangenen Abschnitt angegeben worden ist, die gesamten Erzeugungskosten in RM./m³/h, bezogen auf die nutzbare Leistung, zu verstehen. Der Wert $K_e$ enthält also die beiden Bestandteile der Erzeugungskosten, nämlich die sogenannten Ofenkosten und die Speicherkosten.

Durch den Ausdruck $N_{\max} \cdot T$ ist die gesamte für die betreffende Abnehmergruppe im Laufe eines Jahres zu liefernde Gasmenge bestimmt, während die Anzahl der Abnehmer durch den Wert $z$ gegeben sein soll.

Wenn die Jahreskosten für einen einzigen Abnehmer zu berechnen sind, wird $z = 1$ und die Gl. (7) vereinfacht sich zu:

$$K = K_e \cdot N_{\max} \cdot \frac{t}{24} + K_n \cdot N'_{\max} + K_a + \frac{1}{100} k_b \cdot N_{\max} \cdot T \text{ in RM.} \quad (7a)$$

Aus Gl. (7) berechnen sich dann weiterhin die Durchschnittskosten in Rpf./m³ zu:

$$k = \frac{100 \cdot K}{N_{\max} \cdot T} = \frac{100}{T}\left[K_e \cdot \frac{t}{24} + K_n \cdot \frac{N'_{\max}}{N_{\max}} + K_a \cdot \frac{z}{N_{\max}}\right] + k_b. \quad \ldots\ldots (8)$$

Der Klammerausdruck enthält die drei Bestandteile der festen Kosten, die sämtlich noch mit einem Reduktionsfaktor zu multiplizieren sind, nämlich:

die Erzeugungskosten $K_e$ mit dem Tagesbelastungsfaktor $\frac{t}{24}$ zur Berücksichtigung der Speicherung,

die Verteilungskosten $K_n$ mit $\frac{N'_{\max}}{N_{\max}}$, dem Verhältnis zwischen Spitzenlastanteil und Gruppenspitze, und

die Vertriebskosten $K_a$ schließlich mit $\frac{z}{N_{\max}}$, also mit einem Faktor, worin die Abnehmerzahl und deren Leistungsbedarf zum Ausdruck kommt.

Die Gl. (8) läßt sich auch noch in etwas anderer Form aufstellen, wenn man nämlich, wie dies in der Elektrizitätswirtschaft üblich ist, nicht wie bisher von der Gruppenspitze am Tag der Höchstlast, sondern von dem Spitzenlastanteil $N'_{\max}$ der betreffenden Abnehmergruppe bzw. des einzelnen Abnehmers und der zugehörigen Jahresbenutzungsdauer $T'$ ausgeht.

Auf Grund früherer Ausführungen ist die nutzbare Gasabgabe bestimmt durch den Ausdruck $N_{\max} \cdot T = N'_{\max} \cdot T'$.

Unter Einführung dieser Beziehung ergeben sich damit die Durchschnittskosten in Rpf./m³ zu:

$$k = \frac{100}{T'}\left[K_e \cdot \frac{t}{24} \cdot \frac{N_{\max}}{N'_{\max}} + K_n + K_a \cdot \frac{z}{N'_{\max}}\right] + k_b. \quad \ldots (8\,\mathrm{a})$$

Die Kostengleichung weist nunmehr genau den gleichen Aufbau wie die entsprechende in der Elektrizitätswirtschaft gebräuchliche Formel auf. Sie enthält zwei Glieder, von denen das erste umgekehrt proportional der Benutzungsdauer des Spitzenlastanteiles ist, während das zweite Glied die beweglichen Kosten enthält. Der einzige Unterschied gegenüber der Kostengleichung in der Elektrizitätswirtschaft zeigt sich bei den Erzeugungskosten, die in unserem Fall zur Berücksichtigung der Speicherung noch mit dem Reduktionsfaktor $\frac{t}{24} \cdot \frac{N_{\max}}{N'_{\max}}$ zu multiplizieren sind.

Die Analyse der Belastungskurven (s. Zahlentafel 1) hat ergeben, daß in unserem Beispiel für die Abnehmergruppen Haushalt, städtische

Anlagen und in großer Annäherung auch für das Gewerbe die Gruppenspitze gleich dem Spitzenlastanteil also $N'_{max} = N_{max}$ gesetzt werden kann. Damit wird dann auch $T' = T$ und die Gl. (8) und (8a) vereinfachen sich weiterhin zu:

$$k = \frac{100}{T}\left[K_e \cdot \frac{t}{24} + K_n + K_a \cdot \frac{z}{N_{max}}\right] + k_b \text{ in Rpf./m}^3. \qquad (8b)$$

Für einen einzigen Abnehmer, also für $z = 1$, ergibt sich dann schließlich noch

$$k = \frac{100}{T}\left[K_e \cdot \frac{t}{24} + K_n + \frac{K_a}{N_{max}}\right] + k_b \text{ in Rpf./m}^3. \quad . \; . \; . \; (8c)$$

## II. Die Anwendung der Kostengleichungen zur Nachkalkulation.

Die im vorstehenden entwickelten Kostengleichungen sollen nun zunächst einmal für die Feststellung und Nachkalkulation der Durchschnittspreise der einzelnen Abnehmergruppen, also unter Zugrundelegung bestimmter, gegebener Werte der Jahresbenutzungsdauer, Verwendung finden. Die Ergebnisse dieser Rechnung sind der folgenden Zahlentafel zu entnehmen, wobei für den Haushalt die Durchschnittskosten auch noch unter Einbeziehung der bisher als besondere Abnehmergruppe behandelten Innenbeleuchtung ermittelt worden sind. Dies erweist sich für den weiterhin durchzuführenden Tarifvergleich als notwendig, denn tariflich und meßtechnisch ist die gesamte Haushaltgaslieferung — mag sie nun zum Kochen, zur Heißwasserbereitung oder auch noch zur Beleuchtung bestimmt sein — als Einheit zu betrachten.

Zahlentafel 8.

**Aufgliederung der Durchschnittskosten für die einzelnen Abnehmergruppen.**

| Nr. | Abnehmergruppe | Anteilige feste Kosten der Erzeugung Rpf./m³ | Anteilige feste Kosten der Verteilung Rpf./m³ | Anteilige feste Kosten des Vertriebes Rpf./m³ | bewegliche Kosten Rpf./m³ | Gesamtkosten Rpf./m³ |
|---|---|---|---|---|---|---|
| 1 | Haushalt | | | | | |
| | a) ohne Innenbeleuchtung | 4,66 | 7,39 | 7,86 | 2,0 | 21,91 |
| | b) mit Innenbeleuchtung | 4,47 | 6,73 | 7,12 | 2,0 | 20,32 |
| 2 | Innenbeleuchtung für sich | 2,72 | 0 | 0 | 2,0 | 4,72 |
| 3 | Gewerbe . . . . . . . . | 3,92 | 4,80 | 0,65 | 2,0 | 11,37 |
| 4 | Großabnehmer . . . . . | 4,10 | 2,17 | 0 | 2,0 | 8,27 |
| 5 | Raumheizung . . . . . . | 0 | 0 | 0,90 | 2,0 | 2,90 |
| 6 | Straßenbeleuchtung . . . | 3,38 | 0,25 | 0 | 2,0 | 5,63 |
| 7 | Städt. Anlagen . . . . . | 3,24 | 3,39 | 0,79 | 2,0 | 9,42 |
| | insgesamt: | 4,01 | 4,31 | 3,50 | 2,0 | 13,82 |

Die erhaltenen Ergebnisse, die zur besseren Veranschaulichung der Größenverhältnisse von Erzeugungs-, Verteilungs- und Vertriebskosten einerseits und von festen und beweglichen Kosten andererseits noch in Abb. 10 graphisch dargestellt worden sind, sind außerordentlich wichtig und aufschlußreich.

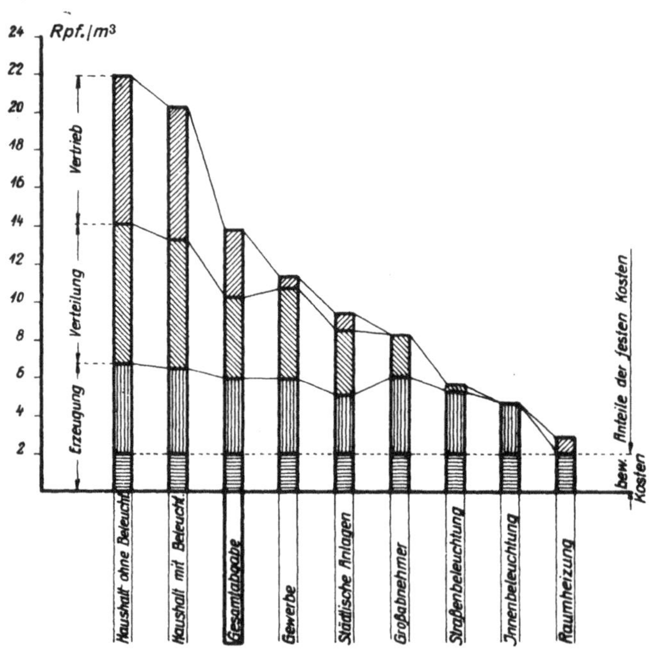


Abb. 10. Aufgliederung der Durchschnittskosten für die einzelnen Abnehmergruppen.

Während die allgemeine Durchschnittsrechnung einen Kostenbetrag von 13,82 Rpf./m³ liefert, bewegen sich demgegenüber die durchschnittlichen Gruppenkosten zwischen 21,91 und 2,90 Rpf./m³, also in den weiten Grenzen von etwa 7 : 1. Die Verschiedenartigkeit dieser Werte ist dabei, wie man sieht, nicht so sehr durch die Erzeugungskosten verursacht, deren Anteile — von der Raumheizung abgesehen — unter der Auswirkung der Speicherung bei den einzelnen Abnehmergruppen nicht in dem Maß voneinander abweichen, wie dies etwa von den Erzeugungskosten in der Elektrizitätsversorgung her bekannt ist. Die Kostendifferenzierung wird hier in der Hauptsache hereingetragen durch die verschiedenen Anteile der Verteilungs- und Vertriebskosten, die bei den einzelnen Abnehmergruppen zwischen 8 und 0 Rpf./m³ liegen. Ähnlich wie in der Elektrizitätsversorgung spielen die beweglichen Kosten für die meisten Abnehmergruppen nur eine untergeordnete Rolle. Sie gewinnen nur dort an Bedeutung, wo sich sehr niedere Gesamtkosten ergeben.

Durch die Ergebnisse der Zahlentafel 8 ist jedenfalls der einwandfreie Nachweis dafür erbracht, daß die *Preisdifferenzierung* in der Gasversorgung, die schon mit Rücksicht auf die Wertigkeit erfolgen muß, tatsächlich auch in vollem Umfang vom Standpunkt der Kostenrechnung aus nicht nur *gerechtfertigt* sondern geradezu *notwendig* ist, wenn nach dem Grundsatz der Tarifgerechtigkeit jede Abnehmergruppe nur insoweit an den Gesamtkosten tragen soll, wie diese von ihr verursacht werden (3).

Betrachtet man die wichtigsten Abnehmergruppen, so erkennt man, daß sich dieselben in Abhängigkeit von den Durchschnittskosten in folgende Reihenfolge einordnen:

| | |
|---|---|
| An der Spitze steht der *Haushalt* mit Durchschnittskosten in Höhe von . . . . . . | 20,32 Rpf./m³. |
| Ihm folgen die *gewerblichen* Abnehmer mit einem Betrag von . . . . . . . . . . . . | 11,37 » |
| und die *Großabnehmer* mit . . . . . . | 8,27 » |
| Noch unter den Großabnehmern liegt die *Straßenbeleuchtung*, wobei allerdings, wie zu erwähnen ist, noch keinerlei Kosten für Bedienung und Instandhaltung der Laternen berücksichtigt worden sind. Für die Straßenbeleuchtung errechnen sich Durchschnittskosten in der Höhe von . . . . . | 5,63 » |
| Als letzte Gruppe folgt schließlich die *Raumheizung*, für die sich bei den günstigen Belastungsverhältnissen, wie sie unserem Beispiel zugrunde liegen, ungewöhnlich niedere Kosten ergeben; dieselben betragen nur . | 2,90 » . |

In genau der gleichen Reihenfolge ordnen sich, wenn man zunächst von der Straßenbeleuchtung absieht, in dem betrachteten Versorgungsgebiet die tatsächlich erzielten Durchschnittspreise an, die außerdem auch *zahlenmäßig* in bester Übereinstimmung mit den vorgenannten Beträgen stehen. Eine Tarifgestaltung also, die für die verschiedenen Abnehmergruppen zu einer solchen, durch die Kostenrechnung weitgehend belegten und gedeckten Preisdifferenzierung führt, wird man im besten Sinn als *kostenecht* bezeichnen dürfen.

## III. Die Anwendung der Kostengleichungen zur Vorkalkulation — die Auswirkung der Benutzungsdauer auf Kosten- und Tarifgestaltung.

Wie die im vorstehenden entwickelten Kostengleichungen zeigen, sind die Durchschnittskosten ähnlich wie bei der Elektrizitätsversorgung in starkem Maße von der Benutzungsdauer beeinflußt und zeigen deshalb in Abhängigkeit von dieser Bezugsgröße entsprechend dem Aufbau der Gl. (8) auch den bekannten hyperbolischen Verlauf. Diese Tatsache ist von besonderer Wichtigkeit, denn sie erschließt die Abkehr von den sogenannten statischen, werbeunwirksamen Einheitspreisen und den Übergang zu werbewirksamen dynamischen Tarifen, also zu Tarifen, die mit entsprechender Ausnutzung der Anlagen selbsttätig zu immer billigeren Durchschnittspreisen führen und damit einen entsprechenden Anreiz zum Mehrverbrauch bieten.

Wie in dieser Beziehung die Verhältnisse bei den einzelnen Abnehmergruppen liegen, soll im folgenden näher untersucht werden.

## 1. Die Haushaltabnehmer.

Die Analyse der Belastungskurven hat gezeigt, daß für den Haushalt die Gruppenspitze in die Zeit der höchsten Gesamtbeanspruchung fällt, also $N_{\max} = N'_{\max}$ und $T = T'$ ist. Die Durchschnittskosten für eine jährlich bezogene Gasmenge $N'_{\max} \cdot T'$ berechnen sich damit unter Benutzung der Gl. (7) und (8) zu:

$$k = \frac{100}{N'_{\max} \cdot T'} \left[ N'_{\max} \cdot \left( K_e \cdot \frac{t}{24} + K_n \right) + K_a \cdot z \right] + k_b \text{ in Rpf./m}^3. \quad \ldots \ldots (9)$$

Wie sich noch zeigen wird, empfiehlt es sich im vorliegenden Fall die Kostengleichung in dieser etwas abgeänderten Form zu benutzen, die im übrigen dann, wenn noch $\frac{t}{24}$ als konstant angesehen werden kann, genau auf die aus den entsprechenden Untersuchungen in der Elektrizitätswirtschaft bekannte Form zurückgeführt ist.

Die Anteile der festen Erzeugungs- und Verteilungskosten sind nach Gl. (9) ebenfalls wie in der Elektrizitätsversorgung einer Leistungsgröße (gemessen in m³/h) proportional, während sich hingegen die beweglichen Kosten auf eine Arbeitsgröße (gemessen in m³) beziehen. Demgegenüber sind aber nach den in Deutschland für die Tarifgestaltung maßgebenden Grundsätzen die Haushalttarife nicht auf eine Leistungsgröße, sondern auf die Wohnungsgröße, ausgedrückt durch die Zimmerzahl, abzustellen. Dies gilt in gleicher Weise, mag nun die Form des Regelverbrauchtarifes oder des Grundpreistarifes gewählt werden. In einer früheren Untersuchung (43) ist vom Verfasser der Nachweis dafür erbracht worden, daß sowohl bei der Stromlieferung wie bei der Gaslieferung die Zimmerzahl unter den gegenwärtigen Verhältnissen diejenige Bezugsgröße für die Gestaltung der Haushalttarife ist, die weniger Nachteile aufweist als irgendeine andere und sich gleichzeitig auch am besten den Lebensbedingungen der Abnehmer anpaßt.

Es erweist sich nunmehr als notwendig, die Brücke zwischen den beiden verschiedenen Bezugsgrößen, nämlich der Zimmerzahl einerseits und dem Leistungsbedarf andererseits zu schlagen, das heißt also, die Verbindung zwischen Tarifaufbau und Kostenrechnung herzustellen. Diese Aufgabe stößt zunächst insofern auf Schwierigkeiten, als in der Gasversorgung wenigstens nach Kenntnis des Verfassers Untersuchungen über den Zusammenhang zwischen Wohnungsgröße und Gas-Leistungsbedarf noch so gut wie nicht vorliegen.

### a) Zusammenhang zwischen Höchstlastanteil und Wohnungsgröße.

Im vorliegenden Fall wurde versucht, mit Hilfe folgender Überlegungen zu brauchbaren Ergebnissen zu gelangen:

Für das als Beispiel dienende Versorgungsgebiet ist sowohl die Anzahl der mit Gas versorgten Wohnungen und deren durchschnittliche Größe als auch aus der Analyse der Belastungskurven der Spitzenlastanteil der gesamten Haushaltgasbezieher bekannt. Daraus errechnet sich zunächst, bezogen auf die nutzbare Abgabe, für eine mittlere Wohnungsgröße von 3,75 Zimmern ein Leistungsbedarf von 93 l/h. Wie kann nun aber hieraus auf die Größe des Spitzenlastanteiles für andere Zimmerzahlen geschlossen werden?

In welch überraschender Weise der Gasverbrauch durch die Wohnungsgröße beeinflußt wird, ist vom Verfasser bereits in der vorgenannten Untersuchung nachgewiesen worden (43). Schon hieraus ließ sich schließen, daß auch der Leistungsbedarf und damit der Spitzenlastanteil der einzelnen Wohnungsgrößen mit der Zimmerzahl ansteigen muß, denn die Ausrüstung der Wohnungen mit Gasherden und Gas-Heißwasserbereitern wird um so reichlicher sein, je größer die Wohnung ist, denn die Wohnungsgröße ist bekanntlich auch ein Ausdruck für die Lebenshaltung und die wirtschaftlichen Verhältnisse der Abnehmer (43, 44).

Durch eine Reihe von Messungen und Versuchen wurde zunächst das gegenseitige Größenverhältnis des tatsächlichen Leistungsbedarfes — also noch ohne Berücksichtigung des Gleichzeitigkeitsfaktors — für eine Anzahl von 2-, 4- und 6-Zimmerwohnungen festgestellt. Die auf diese Weise erhaltene Kurve wurde dann so gelegt, daß der einzige bekannte Spitzenlastanteil, nämlich der Betrag von 93 l/h für die 3,75-Zimmerwohnung, mit dem Wert von 100% zusammenfiel. Daraus ließen sich dann die notwendigen Rückschlüsse auf die vermutliche Höhe der Spitzenlastanteile anderer Wohnungsgrößen ziehen. Die Art und Weise dieses Vorgehens ist im übrigen aus der Abb. 11 ersichtlich.

Durch diesen Kunstgriff ist es gelungen, die absoluten, für verschiedene Wohnungsgrößen ermittelten Belastungswerte auf die sich unter der Auswirkung des Gleichzeitigkeitsfaktors ergebenden, ganz erheblich reduzierten Spitzenlastanteile zurückzuführen. Man wird zugeben müssen, daß dieses Verfahren den tatsächlichen Verhältnissen doch wohl einigermaßen gerecht wird. Außerdem erschien es zunächst als der einzige Weg, um im vorliegenden Fall mangels anderer, geeigneterer Unterlagen überhaupt zum Ziel zu kommen.

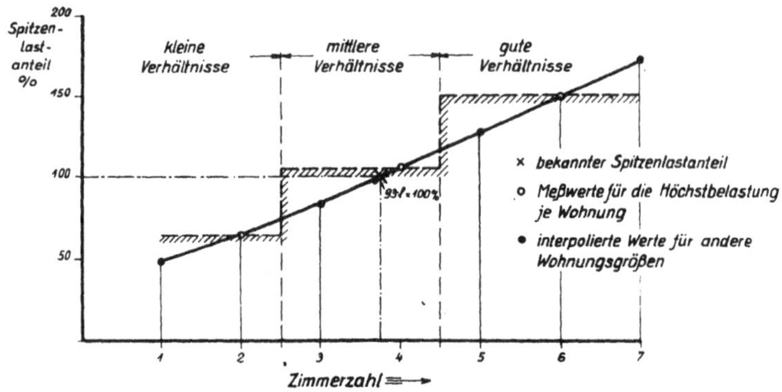


Abb. 11. Ermittelung des Spitzenlastanteiles in Abhängigkeit von der Wohnungsgröße.

Die so erhaltenen Werte, die für andere Wohnungsgrößen dann wohl mit Recht aus der Kurve der Abb. 11 durch Interpolation entnommen werden konnten, ergeben sich aus der folgenden Zahlentafel.

Zahlentafel 9.

**Zusammenhang zwischen Spitzenlastanteil und Wohnungsgröße.**

| Wohnungsgröße (Zimmerzahl) | Spitzenlastanteil in % | Spitzenlastanteil in l/h |
|---|---|---|
| 1 | 49 | 45,5 |
| 2 | 65 | 60,3 |
| 3 | 84 | 78,2 |
| (3,75) | (100) | (93,0) |
| 4 | 105 | 98,0 |
| 5 | 127 | 118,0 |
| 6 | 149 | 138,5 |
| 7 | 171 | 159,0 |

Die für die Spitzenlastanteile erhaltenen Werte sind niedriger als man vielleicht erwarten würde. Man darf dabei nicht vergessen, daß der Ausgleich der Einzelbelastungen, wie sich immer wieder zeigt, weitaus stärker ist als dies gewöhnlich angenommen wird.

Während nach früheren Untersuchungen (43) der Gasverbrauch selbst mehr als proportional mit der Wohnungsgröße ansteigt, hat sich demgegenüber für den Spitzenlastanteil nahezu eine lineare Abhängigkeit ergeben; das heißt aber, die Jahresbenutzungsdauer nimmt ebenfalls mit der Wohnungsgröße zu, ein Ergebnis, das wiederum den tatsächlichen Verhältnissen entspricht, wenn man berücksichtigt, daß unzweifelhaft nicht nur die Ausstattung der Küche mit Gasgeräten, sondern auch die Benutzung des Gasherdes und etwaiger Heißwasserbereiter mit besserer Lebenshaltung und damit auch auf Grund der bestehenden Zusammenhänge mit der Wohnungsgröße anwachsen wird. Dazu trägt nicht zuletzt der Umstand bei, daß die großen Wohnungen im Gegensatz zu den kleineren in der Regel mit zentralen Beheizungsanlagen versehen sind. Die den Gasabsatz in den Wintermonaten hemmende Wirkung der Küchenbeheizung wird also bei großen Wohnungen nur wenig oder gar nicht in Erscheinung treten.

Daß die Spitzenlastanteile, die sich für die verschiedenen Zimmerzahlen ergeben haben, wiederum in stärkstem Maß von den schon eingehend behandelten allgemeinen wirtschaftlichen Verhältnissen des Versorgungsgebietes, also von der beruflichen Gliederung, von der Arbeitszeit usw., beeinflußt sein müssen, versteht sich von selbst. Lebenshaltung und Lebensgewohnheiten der Abnehmer drücken sich deshalb auch in diesen Zahlen wiederum aus. Es ist deshalb denkbar, daß anderwärts unter günstigeren Verhältnissen höhere Werte für den Spitzenlastanteil gefunden werden. Jedenfalls wäre es zu begrüßen, wenn mehr als bisher die Ergebnisse derartiger Untersuchungen bekannt würden.

### b) Die Auswirkung des Tagesbelastungsfaktors.

Der Tagesbelastungsfaktor für die Gruppe der Haushaltabnehmer berechnet sich im vorliegenden Fall unter Einschluß der Innenbeleuchtung zu:

$$m = \frac{t}{24} = \frac{6{,}85}{24} = 0{,}285.$$

Frühere Überlegungen haben bereits zu der Erkenntnis geführt, daß der für die Umlegung der festen Erzeugungskosten maßgebende Belastungsfaktor am Tag der Höchstbeanspruchung, soweit die Kochgaslieferung in Betracht gezogen wird, auch bei sich ändernder Jahresbenutzungsdauer praktisch genau genug als konstant angesehen werden kann. Nun ist allerdings zu bedenken, daß der oben angegebene Betrag einen Mittelwert für die gesamte Abnehmergruppe der Haushaltgasbezieher darstellt, also selbst wiederum bis zu einem gewissen Grad von der Wohnungsgröße abhängig sein wird, denn nach den vorausgegangenen Ausführungen nimmt die Ausnutzung der Gasgeräte und damit also die Tagesbenutzungsdauer mit der Wohnungsgröße zu. Dies ist nicht nur etwa auf den Gasherd, sondern mindestens im gleichen Maß auf die Heißwasserbereitung, insbesonders für Badezwecke, zurückzuführen. Die Belastungskurve erfährt also mit steigender Wohnungsgröße, wie schon früher erwähnt, nicht nur eine Erhöhung in ihrer Spitze, sondern auch eine gewisse Verbreiterung. Für die Verhältnisse, wie sie hier vorliegen, wird es aber genügen, den Tagesbelastungsfaktor als unveränderlich anzusehen, denn eine Nachrechnung hat zu dem Ergebnis geführt, daß die doch sicherlich ganz erhebliche Änderung des Tagesbelastungsfaktors von 25% nach oben oder unten nur eine Änderung des gesamten Durchschnittspreises von etwa 6,5% im Gebiet der praktisch in Betracht kommenden Jahresbenutzungsdauern zur Folge hat. Trotzdem soll aber im folgenden zum Vergleich die Rechnung für die beiden Grenzfälle durchgeführt werden, die hier bei Umlegung der festen Erzeugungskosten in Frage kommen können, nämlich, daß einmal der Tagesbelastungsfaktor $\frac{t}{24}$ und das andere Mal der Kostenumlegungsfaktor $100\,\frac{t}{T}$ konstant gehalten wird.

### c) Die Aufstellung der Kostengleichung für den Haushalt.

Nachdem der Belastungsfaktor $m = \frac{t}{24}$, der im vorliegenden Fall zu 0,285 ermittelt worden ist, zunächst als unveränderlich angesehen werden soll, errechnen sich unter Benutzung von Gl. (7a) bzw. (9) für

$$N_{\max} = N'_{\max} = 1 \text{ m}^3/\text{h} \text{ und für } z = 1$$

die Gesamtkosten aus folgenden drei Bestandteilen[1]):

$$(310 \cdot 0{,}285 + 132) \text{ RM./m}^3/\text{h} + 13 \text{ RM./Anlage} + 2{,}0 \text{ Rpf./m}^3$$

$$= 220 \text{ RM./m}^3/\text{h} \qquad + 13 \text{ RM./Anlage} \qquad + 2{,}0 \text{ Rpf./m}^3$$

| leistungsabhängige Kosten | abnehmerabhängige Kosten | bewegliche Kosten. |
|---|---|---|

Betrachtet man hingegen den Kostenumlegungsfaktor $100\,\frac{t}{T}$, als festliegend, setzt man also voraus, daß sich Tages- und Jahresbenutzungsdauer etwa im gleichen Maße ändern, dann gilt nach den vorausgegangenen Ausführungen für die gesamten Erzeugungskosten die Durchschnittskalkulation; das heißt mit anderen Worten, die gesamten Erzeugungskosten werden zu beweglichen Kosten. Die Kostenbestandteile errechnen sich in diesem Fall dann zu

---

[1]) Kostenbestandteile s. S. 28, 30 und 54.

| | | |
|---|---|---|
| 132 RM./m³/h | + 13 RM./Anlage | + (4,47 + 2,0) Rpf./m³ |
| oder | | |
| 132 RM./m³/h | + 13 RM./Anlage | + 6.47 Rpf./m³ |
| leistungsabhängige Kosten | abnehmerabhängige Kosten | bewegliche Kosten. |

Die beiden im vorstehenden abgeleiteten Ausdrücke ergeben selbstverständlich für die unserem Beispiel zugrunde liegende Benutzungsdauer der Gruppenspitze die gleichen Gesamtdurchschnittskosten.

Nach Zahlentafel 9 bewegen sich die Spitzenlastanteile für den Haushalt je nach der Wohnungsgröße etwa zwischen 45 und 159 l/h, weshalb zunächst einmal die sich für den Haushalt ergebenden durchschnittlichen Kosten für einen Leistungsanteil von 100 l/h errechnet und aufgegliedert werden sollen. Unter Benutzung von Gl. (8c) ergeben sich dabei die aus Zahlentafel 10 ersichtlichen Werte.

Zahlentafel 10.

**Aufgliederung der Haushaltgaskosten für verschiedene Benutzungsdauern.**

| Benutzungsdauer $T$ in h | | 1 000 | 2 000 | 3 000 | 4 000 | 5 000 |
|---|---|---|---|---|---|---|
| Fall 1 für $\frac{t}{24} =$ konst.: | | | | | | |
| Erzeugungskosten | | | | | | |
| a) Anteil der festen Kosten $100\,K_e \cdot \frac{t}{24} \cdot \frac{1}{T}$ | Rpf./m³ | 8,84 | 4,42 | 2,95 | 2,21 | 1,77 |
| b) bewegliche Kosten $k_b$ | Rpf./m³ | 2,0 | 2,0 | 2,0 | 2,0 | 2,0 |
| c) Erzeugungskosten zusammen $k_e$ | Rpf./m³ | 10,84 | 6,42 | 4,95 | 4,21 | 3,77 |
| Verteilungskosten $100\,K_n \cdot \frac{1}{T} = k_n$ | Rpf./m³ | 13,20 | 6,60 | 4,40 | 3,30 | 2,64 |
| zusammen | Rpf./m³ | 24,04 | 13,02 | 9,35 | 7,51 | 6,41 |
| Vertriebskosten $100\,K_a \cdot \frac{1}{T \cdot N_{\max}} = k_a$ | Rpf./m³ | 13,00 | 6,50 | 4,33 | 3,25 | 2,60 |
| insgesamt | Rpf./m³ | 37,04 | 19,52 | 13,68 | 10,76 | 9,01 |
| Fall 2 für $100\,\frac{t}{T} =$ konst.: | | | | | | |
| Durchschnittl. Kosten insgesamt | Rpf./m³ | 32,67 | 19,57 | 15,20 | 13,02 | 11,71 |
| Unterschied gegenüber Fall 1 | Rpf./m³ | —4,37 | +0,05 | +1,52 | +2,26 | +2,70 |

Aus den Werten der Zahlentafel 10 ist zunächst ersichtlich, daß die beiden Verfahren zur Umlegung der festen Erzeugungskosten im Gebiet der üblichen Benutzungsdauern ziemlich übereinstimmende Ergebnisse liefern; nur bei außergewöhnlichen Werten der Jahresbenutzungsdauer $T$ zeigen sich stärkere Unterschiede.

Sieht man den Tagesbelastungsfaktor $\frac{t}{24}$ als konstant an, so tritt die Abhängigkeit der Durchschnittskosten von der Jahresbenutzungsdauer besonders hervor, während sich dann, wenn der Kostenumlegungsfaktor $100\frac{t}{T}$ als unveränderlich zu betrachten ist, ein gewisser Ausgleich ergibt. Demzufolge liegen die Durchschnittskosten nach Fall 2 bei kleinen Abnahmen unter und bei großen Abnahmen über den Werten, die für Fall 1, also für $\frac{t}{24}$ = konst., errechnet worden sind.

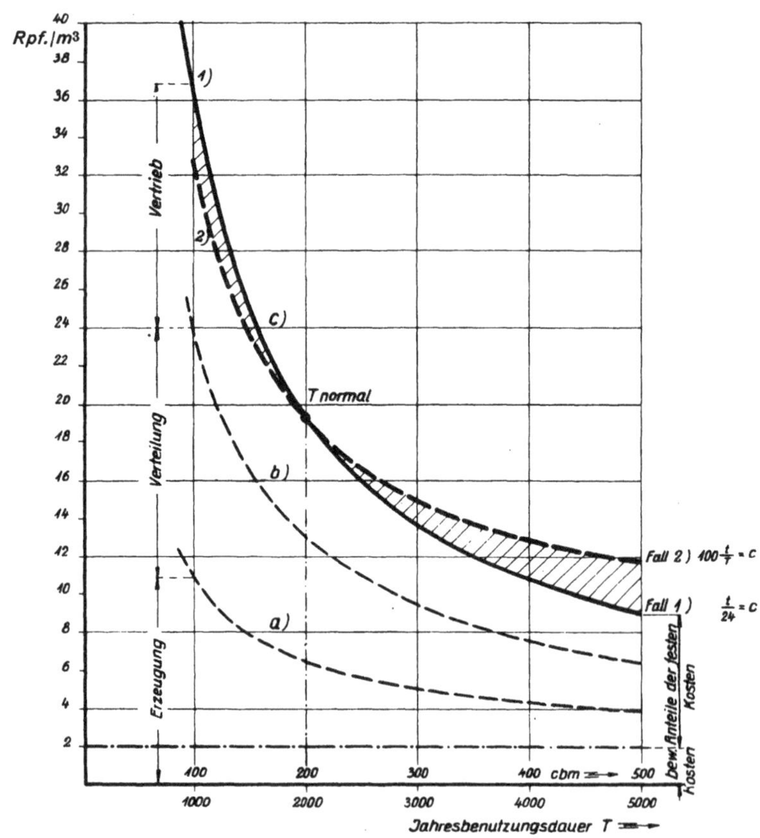


Abb. 12. Gliederung der durchschnittlichen Haushaltgaskosten (für $N_{max} = 0{,}1$ m³/h).

Der tatsächliche Kostenverlauf wird also wohl zwischen den beiden aus Abb. 12 ersichtlichen Grenzkurven liegen und sich je nachdem, ob mehr der Tagesbelastungsfaktor oder der Kostenumlegungsfaktor ausschlaggebend ist, der einen oder anderen Grenze nähern. Da auf Grund der bisherigen Betrachtungen für die Haushaltgaslieferung wohl eher der Wert $\frac{t}{24}$ als konstant zu gelten hat, soll der weiteren Untersuchung die hiefür ermittelte Kostenkurve zugrunde gelegt werden, deren Aufgliederung nach Erzeugungs-, Verteilungs- und Vertriebskosten zur besseren Veranschaulichung des gegenseitigen Größenverhältnisses dieser einzelnen Kostenbestandteile ebenfalls in Abb. 12 vorgenommen worden ist.

Man erkennt hier wiederum in aller Deutlichkeit, daß die Verschiedenheit der Durchschnittskosten in erster Linie durch die Anteile der Verteilungs- und Vertriebskosten bewirkt wird. Insbesonders tritt der außerordentlich starke und vielfach unterschätzte Einfluß hervor, der den Vertriebskosten bei der Kleinabnehmerbelieferung zukommt.

### d) Die Bedeutung der Vertriebskosten bei der Belieferung der Haushaltabnehmer.

In unserem Beispiel machen die Vertriebskosten im Bereich der üblichen Benutzungsdauern nicht weniger als $\frac{1}{3}$ der gesamten Durchschnittskosten aus. Dieser Betrag steht wieder in Übereinstimmung mit entsprechenden Zahlenangaben, die aus der Elektrizitätswirtschaft bekannt geworden sind (38). Wenn also eine weitere Verbilligung der Kleinabnehmerpreise erreicht werden soll, dann wird man das Augenmerk nicht nur auf die schon wiederholt geforderte Senkung der Verteilungskosten, sondern ebensosehr auf eine Herabsetzung der Vertriebskosten richten müssen.

Von den verschiedenen hiefür zur Verfügung stehenden Mitteln ist wohl das naheliegendste die Zusammenfassung der Gas-, Wasser- und Stromverrechnung, wovon mindestens überall dort Gebrauch gemacht werden sollte, wo die Voraussetzungen hiefür, nämlich einheitliche Besitzverhältnisse, vorliegen (45). Dazu kommt dann weiter, daß die Lieferung jeder Energieart, wenn sie auch verschiedenen Verwendungszwecken dient, grundsätzlich nur über einen einzigen Zähler erfolgen sollte. Neuzeitliche Tarifformen werden dies auch ohne Schwierigkeiten gestatten. Eine derartige Maßnahme in Verbindung vielleicht noch mit einer weiteren Typisierung und Verbilligung der Meßgeräte wird nicht nur zu einer wesentlichen Herabsetzung der Vertriebskosten führen, sondern ebensosehr entsprechende Einsparungen bei den Abnehmeranlagen zur Folge haben, da dort die getrennte Verlegung von Leitungen entfällt. Auch diese Maßnahme liegt wiederum im Sinne des

Vierjahresplanes. Eine Senkung der Vertriebskosten wird sich schließlich auch noch dadurch erreichen lassen, daß nicht nur das Tarifwesen selbst, sondern ebensosehr das ganze Verrechnungsgeschäft, also Ablesung, Verrechnung und Geldeinziehung möglichst einfach und wirksam gestaltet wird. Die verhältnismäßig hohen hiefür anfallenden Aufwendungen und ihre oben erwähnten Auswirkungen auf die Kosten- und Preisgestaltung für die Belieferung der Kleinabnehmer sollte jedenfalls Veranlassung geben, diesen Fragen besondere Aufmerksamkeit zu schenken.

### e) Kosten- und Tarifvergleich.

Die Aufgliederung des durchschnittlichen Spitzenlastanteiles nach der Wohnungsgröße ermöglicht nunmehr — und zwar am besten unter Benutzung von Gl. (9) — die Feststellung des Kostenverlaufes, und zwar nicht nur bezogen auf beliebige Jahresmengen $N'_{\max} \cdot T'$, sondern auch in Abhängigkeit von der Wohnungsgröße. Damit ist dann die Verbindung zwischen Kostenrechnung einerseits und Tarifgestaltung andererseits hergestellt.

In dem uns als Beispiel dienenden Versorgungsgebiet ist am häufigsten die 3-Zimmerwohnung vertreten, weshalb hiefür der weitere Gang der Rechnung gezeigt werden soll. Auf Grund der bisherigen Untersuchungen gilt unter Benutzung der Kostengleichung (9) und des aus Zahlentafel 9 zu entnehmenden Spitzenlastanteiles für die 3-Zimmerwohnung:

$$k = \frac{100}{N'_{\max} \cdot T'} \left[0{,}0782\,(310 \cdot 0{,}285 + 132) + 13\right] + 2{,}0$$

$$= \frac{3023}{N'_{\max} \cdot T'} + 2{,}0 \text{ in Rpf./m}^3.$$

Zum Vergleich sollen nun vier Tarife, nämlich ein reiner Zählertarif, ein Regelverbrauchtarif, ein Grundpreistarif und des Interesses halber auch noch ein Pauschaltarif herangezogen werden, die zudem auf den durchschnittlichen Verbrauch der 3-Zimmerwohnung hinsichtlich ihrer Preise aufeinander abgestimmt sein sollen. Diese Tarife lauten im einzelnen wie folgt:

Nach dem reinen Zählertarif (rZ) wird berechnet:
ein Einheitspreis von 20 Rpf./m³.

Nach dem Regelverbrauchtarif (RV) werden berechnet:
die ersten 15 m³/Monat zu 18 Rpf./m³,
alle weiteren m³ im Monat zu 12 Rpf./m³;
hiezu kommt eine Zählergebühr von 30 Rpf./Monat.

Zu erwähnen ist hierbei, daß der Regelverbrauch im vorliegenden Fall mit Rücksicht auf die Absatzverhältnisse des betreffenden Versorgungsgebietes niederer als vielleicht anderwärts festgesetzt werden mußte.

Nach dem Grundpreistarif (GP) wird berechnet:

eine feste Gebühr von 1,20 RM./Monat,
ein Verbrauchspreis von 12 Rpf./m³.

Nach dem Pauschaltarif (P) wird berechnet:

eine feste Gebühr von 3,— RM./Monat.

Für verschiedene Jahresabnahmen, wie sie praktisch in 3-Zimmerwohnungen vorkommen werden, ergeben sich damit die nachfolgenden Kosten bzw. Durchschnittspreise, wobei für den Regelverbrauchtarif eine gleichmäßige Verteilung der Jahresabnahme über die einzelnen Monate vorausgesetzt ist.

Zahlentafel 11.

**Kosten- und Tarifvergleich für den Haushalt.**

| Jahres-abnahme | Kosten | Durchschnittspreis in Rpf./m³ | | | | Unterschied gegenüber der Kostenrechnung in Rpf./m³ | | | |
|---|---|---|---|---|---|---|---|---|---|
| m³ | Rpf./m³ | nach Z-Tarif | nach RV-Tarif | nach GP-Tarif | nach P-Tarif | beim Z-Tarif | beim RV-Tarif | beim GP-Tarif | beim P-Tarif |
| 100 | 32,2 | 20 | 21,6 | 26,4 | 36 | —12,2 | —10,6 | —5,8 | +3,8 |
| 150 | 22,2 | 20 | 20,4 | 21,6 | 24 | — 2,2 | — 1,8 | —0,6 | +1,8 |
| 180 | 18,8 | 20 | 20,0 | 20,0 | 20 | + 1,2 | + 1,2 | +1,2 | +1,2 |
| 200 | 17,1 | 20 | 19,2 | 19,2 | 18 | + 2,9 | + 2,1 | +2,1 | +0,9 |
| 300 | 12,1 | 20 | 16,8 | 16,8 | 12 | + 7,9 | + 4,7 | +4,7 | —0,1 |
| 400 | 9,6 | 20 | 15,6 | 15,6 | 9 | +10,4 | + 6,0 | +6,0 | —0,6 |

Der durch die Werte der Zahlentafel 11 bestimmte Verlauf der Kosten- und Tarifkurven ist in Abb. 13 wiedergegeben, die außerdem verschiedene, für die Tarifbeurteilung besonders wichtige Zusammenhänge erkennen läßt.

Die Kostenkurve zeigt in Abhängigkeit vom Verbrauch den schon erwähnten hyperbolischen Verlauf, wobei die durch die beweglichen Kosten bestimmte Asymptote der Hyperbel sehr niedrig, nämlich bei 2,0 Rpf./m³ liegt. Es ist dies eine Erscheinung, die bei allen Kostenrechnungen in der Energiewirtschaft in ähnlicher Weise wiederkehrt und letzten Endes die Kapitalintensität der Versorgungsbetriebe charakterisiert.

Ähnlich wie die Kostenkurve weisen auch die Preiskurven, vom reinen Zählertarif abgesehen, einen hyperbolischen Verlauf auf. Daß die vier vorerwähnten Tarife aufeinander abgestimmt sind, beweist die Tatsache, daß sämtliche Durchschnittspreise für den Normalverbrauch der 3-Zimmerwohnung zusammenfallen (Punkt $A$ der Abb. 13).

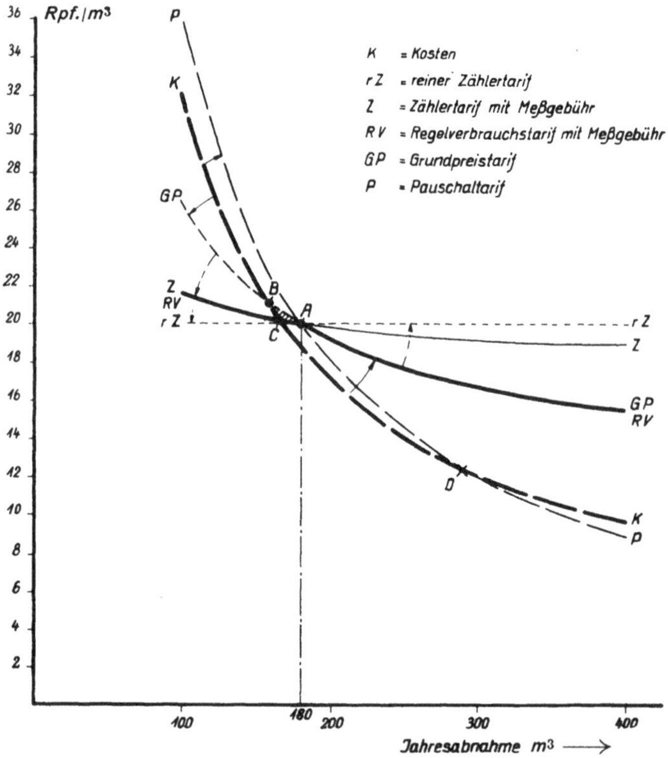


Abb. 13. Kostenkurve und Tarifkurven für den Haushalt (gültig für die 3-Zimmerwohnung).

Der Kostengestaltung entspricht — wenigstens bei der Kleinabnehmerbelieferung — im Grunde am unmittelbarsten der Pauschaltarif, dessen Asymptote bei Null liegt. Allerdings nimmt diese Tarifform zu wenig Rücksicht auf die wirtschaftliche Lage gerade der kleinsten Abnehmer, weshalb sie sich in der Praxis nicht als geeignet erweist.

Neben dem Pauschaltarif kommt der Grundpreistarif dem Verlauf der Kostenkurve am nächsten, da er sich seinem ganzen Aufbau nach der Kostenzusammensetzung sehr gut anpaßt.

Auch die Preiskurve des Regelverbrauchtarifes zeigt, wie aus Abb. 13 hervorgeht, einen hyperbolischen Verlauf. Sie setzt sich jedoch aus zwei Hyperbelbögen zusammen, wobei die Asymptote der ersten Hyperbel durch den Verbrauchspreis der ersten Stufe, die der zweiten Hyperbel durch den Verbrauchspreis der zweiten Preisstufe gegeben ist. Für Mengen, die über dem Normalverbrauch liegen, deckt sich der Kurvenverlauf in unserem Tarifbeispiel mit der Kurve des Grundpreistarifes. Bei kleineren Abnahmen hingegen ergeben sich beim Regelverbrauchtarif Werte, die zwischen den Preisen des Grundpreis- und reinen Zählertarifes liegen. Dies wird verständlich, wenn man berücksichtigt, daß der Regelverbrauchtarif ebenso, wie übrigens der Grundpreistarif, in der Praxis nicht in seiner ursprünglichen Form angewandt wird. Auch der Regelverbrauchtarif ist im allgemeinen mit einem, wenn auch verhältnismäßig kleinen »Grundpreis«, nämlich der Meß- und Verrechnungsgebühr oder einer ihr gleich zu achtenden Mindestabnahme versehen, wodurch ein mäßiges Ansteigen des Durchschnittspreises für sehr kleine Abnahmen bewirkt wird.

Ebenso muß auch der Grundpreistarif eine Änderung bzw. Ergänzung erfahren, wenn mit Rücksicht auf die kleinsten Abnehmer das Kostenprinzip verlassen und ein zu starkes Anwachsen der Durchschnittspreise verhindert werden soll. Bei Einführung von Grundpreistarifen wird den Abnehmern in der Regel, sofern nicht eine Begrenzung des Durchschnittspreises nach oben vorgesehen ist, noch ein Zählertarif mit geringer Meßgebühr zur Wahl gestellt, dessen Kostenbestandteile dann zweckmäßigerweise der ersten Preisstufe des vorerwähnten Regelverbrauchtarifes entsprechen. Dadurch wird folgendes bewirkt: Für kleine Verbräuche gilt der Kurvenverlauf des Regelverbrauchtarifes in seiner ersten Preisstufe, der mit dem Zählertarif (einschließlich Meßgebühr) identisch ist, während für größere Verbräuche der Preisverlauf durch die Kurve des Grundpreistarifes gegeben ist, mit dem sich ihrerseits wiederum die Durchschnittspreise im Bereich der zweiten Stufe des Regelverbrauchtarifes decken.

Zweistufige Regelverbrauchtarife mit kleiner Grundgebühr (Meßgebühr) und Grundpreistarife, die durch einen Zählertarif ergänzt sind, ergeben also, sofern ihre Preise wie im vorliegenden Fall richtig aufeinander abgestimmt sind, bei gleichmäßig über die einzelnen Monate verteilter Jahresabnahme die gleichen Durchschnittspreise so, wie dies durch die stark ausgezogene Kurve der Abb. 13 gekennzeichnet ist. Gewisse Unterschiede werden sich allerdings bei sehr verschiedenartigen Monatsverbräuchen zeigen. Während der Grundpreistarif bekanntlich auf der normalen Jahresabnahme beruht, ergeben sich bei dem auf Monatsverbräuche abgestellten Regelverbrauchtarif bereits dann Verbilligungen, wenn nur in dem einen oder anderen Monat der festgesetzte Regelverbrauch überschritten wird.

Der schließlich für den reinen Zählertarif geltende Preisverlauf läßt erkennen, daß bei diesem Tarif jeder Zusammenhang mit den Kosten verlorengegangen ist. Der Zählertarif ist also vom Standpunkt der Kostenrechnung gesehen der am wenigsten geeignete und deshalb abzulehnen.

Die Aufgabe einer »abnehmerorientierten« und »kostenechten« Tarifpolitik besteht darin, zwischen den Bedürfnissen der Abnehmer einerseits und der Kostengestaltung andererseits den richtigen Weg zu finden. Zwei Tarifformen scheiden dabei, wie sich gezeigt hat, aus:

der Pauschaltarif, weil er den Lebensbedingungen der Abnehmer zu wenig Rechnung trägt, der reine Zählertarif, weil er der Kostengestaltung nicht mehr entspricht. Übrig bleiben also nur die beiden Tarife, die wie die Abb. 13 auch deutlich erkennen läßt, die Mitte zwischen den vorgenannten beiden Forderungen halten: nämlich der Regelverbrauchtarif und der Grundpreistarif.

Soweit über die Anwendung dieser beiden Tarifformen Meinungsverschiedenheiten bestehen, gehen diese in der Hauptsache auf werbepsychologische Gründe zurück, denn die vorstehenden Ausführungen haben bewiesen, daß sich bei richtiger Abstimmung sowohl beim Grundpreistarif wie beim Regelverbrauchtarif tatsächlich die gleichen Durchschnittspreise ergeben. Das aber ist für den Abnehmer schließlich das Entscheidende.

Wenn neben dem Gasbezug zur Heißwasserbereitung auch noch die Gasverwendung zum Zwecke der Raumheizung erschlossen werden soll, dann muß der Regelverbrauchtarif durch eine dritte Preisstufe ergänzt werden. Auch der dreistufige Regelverbrauchtarif läßt sich wieder durch einen Grundpreistarif ersetzen, dessen Verbrauchspreis dieser dritten Preisstufe zu entsprechen hat. Bei richtiger Abstimmung liefert dann ein solcher Grundpreistarif dieselben Durchschnittspreise wie der Regelverbrauchtarif, wenigstens soweit das Gebiet der dritten Preisstufe in Betracht kommt.

Die Abweichungen, die sich zwischen dem Kostenverlauf einerseits und den Durchschnittspreisen andererseits ergeben, können auch als Drehung der Tarifkurven gegenüber der Kostenhyperbel aufgefaßt werden. Dabei zeigt sich folgendes: Während die drei für den Zählertarif, den Regelverbrauch- und Grundpreistarif geltenden Kurven nach links, also gegen den Sinn des Uhrzeigers um die Punkte *B* bzw. *C* gedreht sind, ist die für den Pauschaltarif geltende Preiskurve um den Punkt *D* nach rechts gedreht. Diese Rechtsdrehung hat aber zur Folge, daß bei geringen Abnahmen (Benutzungsdauern) die Preiskurve über und bei sehr hohen Abnahmen unter der Kostenkurve liegt, eine Erscheinung, die unerwünscht ist, denn sie bringt eine zusätzliche Belastung der kleinen Abnehmer zugunsten der größeren; eben deshalb erweist sich der Pauschaltarif als ungeeignet.

Anders liegen die Verhältnisse bei den übrigen Tarifformen. Dort ist, wie die Abb. 13 erkennen läßt, die Drehung tarifpolitisch im richtigen Sinn, nämlich nach links erfolgt mit der Wirkung, daß die kleineren Abnehmer von Kosten entlastet werden, während der notwendige Ausgleich hiefür in einer entsprechend stärkeren Heranziehung der größeren Verbraucher gefunden wird. In der Drehung der Tarifkurven gegenüber den Kostenkurven spiegeln sich also im wesentlichen soziale Gesichtspunkte wieder.

Wie man weiter sieht, sind die Drehpunkte selbst richtig gelegt, denn sie befinden sich in unmittelbarer Nähe des für die Tarifabstimmung maßgebenden Punktes *A*, also in dem Bereich, in dem sich der Durchschnittsverbrauch der 3-Zimmerwohnungen des betrachteten Versorgungsgebietes bewegt. In diesem hauptsächlich in Frage kommenden Gebiet stimmen also die sich aus den Tarifen einerseits und der Kostenrechnung andererseits ergebenden Werte gut überein, wie dies auch die Zahlentafel 11 zeigt. Das Dreieck *A*-*B*-*C* kann als Maß für die gegenseitige Abstimmung gelten und soll als »Fehlerdreieck« bezeichnet werden. Je kleiner dieses Dreieck wird, je mehr sich also die Punkte *A*-*B*-*C* nähern, um so besser ist die Abstimmung.

Die Drehung selbst wird in bekannter Weise durch eine gegenseitige Änderung der festen und beweglichen Preisbestandteile bewirkt, wobei für die Bemessung dieser Preisbestandteile neben der Rücksicht auf den Zusammenhang mit der Kostengestaltung auch noch folgende Umstände in Betracht zu ziehen sind:

Wie in der Elektrizitätsversorgung so ist es auch in der Gasversorgung üblich, sich bei Festsetzung der Verbrauchspreise mehr den durch die Wertschätzung gezogenen Grenzen zu nähern, also die Verbrauchspreise gegenüber den Ergebnissen der Kostenrechnung zu erhöhen. Damit wird dann gleichzeitig erreicht, daß die Grundpreise entsprechend ermäßigt werden können. Man muß sich also darüber im klaren sein, daß die Verbrauchspreise, wenigstens bei der Kleinabnehmerlieferung, noch gewisse Bestandteile des Grundpreises — oder mit anderen Worten — der festen Kosten in sich schließen.

Hohe Grundpreise und niedere Verbrauchspreise können für beide Teile ein gesteigertes Risiko nach sich ziehen, für den Lieferanten insofern, als er bei Wahl der Bezugsgröße für den Grundpreis bzw. Regelverbrauch und bei dessen zahlenmäßiger Festsetzung gar nicht vorsichtig genug sein kann, für den Abnehmer vor allem deshalb, weil er bei einem Verbrauch, so dieser aus irgendwelchen nicht voraussehbaren Gründen einmal rückläufig werden sollte, sehr bald in das Gebiet außerordentlich rasch ansteigender Durchschnittspreise gelangen würde. Eine abnehmerorientierte Tarifgestaltung wird deshalb bestrebt sein müssen, auf einen gewissen Ausgleich des gegenseitigen Größenverhältnisses der festen und beweglichen Preisbestandteile bedacht zu sein. Daß dabei der Zusammenhang mit der Kostenrechnung nicht verloren zu gehen braucht, beweist das vorstehende Beispiel.

Wie der gegenseitige Verlauf der Kosten- und Tarifkurven dann weiterhin zeigt, taucht bei entsprechend geringen Abnahmen das Problem der sogenannten »Verlustkunden« auf, und zwar um so mehr, je stärker die Tarifkurven gegenüber der Kostenkurve zurückgedreht sind.

### f) Das Problem der Verlustkunden.

Nachdem sich auf Grund der vorstehenden Ausführungen der Verlauf der durchschnittlichen Gaskosten sowohl in Abhängigkeit von der Wohnungsgröße als auch von der Gasabnahme bzw. Benutzungsdauer hat angeben lassen, kann nunmehr auch zahlenmäßig zu dem Problem der Verlustkunden Stellung genommen werden.

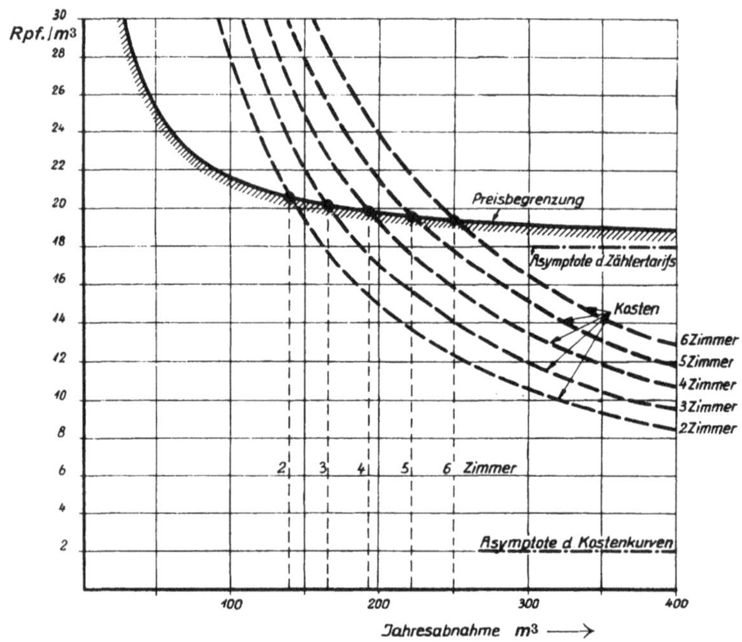


Abb. 14. Zählertarif und Kostenverlauf.

Die von den Abnehmern bezahlten Durchschnittspreise sind nach oben durch den Zählertarif bzw. den ihm gleichzuachtenden Regelverbrauchtarif begrenzt, so, wie dies aus den Abb. 13 und 14 hervorgeht. Dabei ist übrigens deutlich zu erkennen, daß doch auch beim Zählertarif unter dem Einfluß der Meß- und Verrechnungsgebühr die Durchschnittspreise bei sehr kleinen Verbräuchen stärker ansteigen als man dies vielleicht zunächst vermuten möchte.

In Abb. 14 sind außerdem noch die Hyperbelscharen eingezeichnet, die den Kostenverlauf in Abhängigkeit von der Wohnungsgröße und der Benutzungsdauer (Gasabnahme) erkennen lassen. Die Schnittpunkte dieser Hyperbelscharen mit der Kurve des Zähler- bzw. Regelverbrauchtarifes ergeben gewisse Grenzwerte für den Gasverbrauch, die ihrerseits wiederum in Abb. 15, aber nunmehr bezogen auf die Wohnungsgröße, eingetragen worden sind. Diese Grenzverbräuche errechnen sich als Schnittpunkte der Kosten- und Preishyperbeln in bekannter Weise aus der Beziehung:

$$\text{Grenzverbrauch} = \frac{\text{feste Kosten} - \text{Zählergebühr}}{\text{Verbrauchspreis} - \text{bewegliche Kosten}}.$$

Aus Abb. 15 können nunmehr für jede Wohnungsgröße die Verbräuche entnommen werden, bei denen sich die n o r m a l e n, in der Kostenrechnung berücksichtigten Erträgnisse ergeben. Höhere Verbräuche erbringen zusätzliche Erträgnisse, sofern nicht die Durchschnittspreise entsprechend absinken, wie dies ja beim Regelverbrauch- und Grundpreistarif der Fall ist. Geringere Verbräuche haben eine immer weitergehende Schmälerung der Erträgnisse zur Folge, bis schließlich sehr bald das eigentliche V e r l u s t g e b i e t erreicht wird.

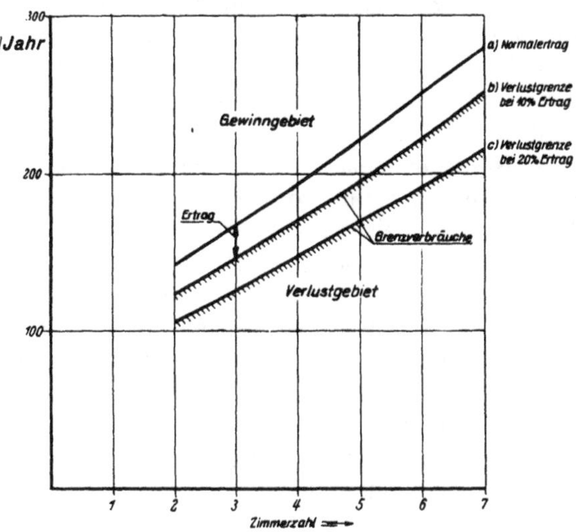


Abb. 15. Grenzkurven für Ertrag und Verlust.

In Abb. 15 sind dann weiterhin die Kurven eingetragen (mit *b* und *c* bezeichnet), die sich ergeben, wenn man annimmt, daß in der Kostenrechnung beispielsweise ein Ertrag (Leistungen an den Konzessionsgeber bzw. Gewinn) von 10 oder 20% enthalten gewesen sei. Diese Kurven sind als »G r e n z k u r v e n« bezeichnet, denn sie scheiden die Verbrauchsgebiete, in denen sich noch ein Ertrag ergibt, von den Verlustgebieten. Je größer die in der Kostenrechnung berücksichtigte Ertragsspanne ist, um so tiefer liegen die Grenzkurven, die den Beginn des tatsächlichen Verlustgebietes kennzeichnen. Die Werte, die sich in unserem Beispiel für diese Grenzkurven ergeben, sind aus der folgenden Aufstellung ersichtlich.

Zahlentafel 12.

**Grenzverbräuche und Wohnungsgröße.**

| Wohnungs-größe (Zimmerzahl) | notwendige Verbräuche für den normalen Ertrag | | Grenzverbräuche bei einem eingerechneten Ertrag von 10% | | Grenzverbräuche bei einem eingerechneten Ertrag von 20% | |
|---|---|---|---|---|---|---|
| | m³/Jahr | m³/Mt. | m³/Jahr | m³/Mt. | m³/Jahr | m³/Mt. |
| 2 | 141 | 11,8 | 123 | 10,2 | 106 | 8,9 |
| 3 | 166 | 13,8 | 146 | 12,2 | 126 | 10,5 |
| 4 | 194 | 16,2 | 169 | 14,1 | 147 | 12,2 |
| 5 | 221 | 18,4 | 194 | 16,2 | 169 | 14,1 |
| 6 | 250 | 20,8 | 221 | 18,5 | 192 | 16,0 |

Daß bei gewissen geringfügigen Verbräuchen die Gaslieferung ebenso wie die Stromlieferung infolge der durch den Zählertarif nach oben bewirkten Preisbegrenzung zu einem Verlustgeschäft werden muß, ist schon immer betont worden. Diese die Verlustgrenze bezeichnenden Verbräuche werden gewöhnlich auf etwa 10 bis 12 m³/Monat geschätzt. Wie in dieser Beziehung die Verhältnisse nun aber tatsächlich zahlenmäßig auf Grund einer genauen Kostenrechnung liegen, mag der vorstehenden Aufstellung entnommen werden. Man erkennt dabei, daß die vorerwähnte Schätzung durch die Kostenrechnung bestätigt wird. Für das uns als Beispiel dienende Versorgungsgebiet ist festgestellt worden, daß mehr als 30% der Haushaltabnehmer die in Zahlentafel 12 angegebenen unteren Grenzverbräuche nicht erreichen, also zu den Verlustkunden zu zählen sind. Auch hierin kommen also wieder die nicht besonders günstigen Absatzverhältnisse des betrachteten Versorgungsgebietes zum Ausdruck. Aufgabe der Tarifgestaltung und einer zweckentsprechend eingesetzten Werbung muß es sein, die Zahl der Verlustkunden möglichst zu verringern.

Zu beachten ist schließlich noch, daß nach den Voraussetzungen für unsere Rechnung der Spitzenlastanteil je Wohnungsgröße unverändert bleiben und nur der Gasverbrauch selbst rückläufig werden soll. Die Annahme einer Verschlechterung der Benutzungsdauer wird aber den tatsächlichen Verhältnissen durchaus gerecht, denn ein Abnehmer wird eben dann zum Verlustkunden, wenn die Ausnutzung der für ihn bereitgestellten Energieversorgungsanlagen ein gewisses Maß unterschreitet. Würde mit dem Gasverbrauch auch noch die Leistungsinanspruchnahme zurückgehen, so ergäben sich dadurch wieder normale Bedingungen hinsichtlich der Ausnutzung der Anlagen; die Gasabnahmeverhältnisse solcher Abnehmer würden dann in allem einer geringeren Wohnungsgröße entsprechen und nur insoweit von Nachteil für das Werk sein.

Die im vorstehenden geschilderten Verhältnisse bezogen sich auf die Haushaltgaslieferung zum Zwecke des Kochens, der Beleuchtung und der Heißwasserbereitung. Es ist deshalb notwendig, den Einfluß der Gaslieferung für Beleuchtungszwecke und zur Heißwasserbereitung noch gesondert zu betrachten.

### g) Die Gaslieferung an den Haushalt zum Zweck der Beleuchtung.

Der Gaslieferung für die Innenbeleuchtung kommt heute — im Gegensatz zu früher — nur mehr eine untergeordnete Bedeutung zu. Im vorliegenden Fall dienten diesem Zweck aber doch noch etwas mehr als 9% der gesamten an den Haushalt abgegebenen Gasmengen, ein Betrag, dessen weiterer Rückgang nach Ansicht des Verfassers keinesfalls aufzuhalten ist.

Der ungefähre, durch die Innenbeleuchtung hervorgerufene Belastungsablauf ist unter Anlehnung an entsprechende Untersuchungen in der Elektrizitätswirtschaft bereits bei der Analyse der Belastungskurven behandelt worden. Ebenso geht aus Zahlentafel 8 die Größe und durchschnittliche Zusammensetzung der für die Innenbeleuchtung ermittelten Kosten hervor. Der sich hiefür ergebende Betrag von 4,72 Rpf./m³ ist deshalb so nieder, weil entsprechend den Voraussetzungen, auf welchen das Spitzenlastanteilverfahren beruht, in diesem Fall Kostenanteile aus der Verteilung und dem Vertrieb nicht zu berücksichtigen waren.

Die Innenbeleuchtung liegt völlig außerhalb der Zeit der Gesamtspitze, die bei der Gasversorgung im Gegensatz zu der Elektrizitätsversorgung in die Mittagsstunden fällt. Daß anteilige Vertriebskosten nicht zu berechnen sind, ergibt sich ohne weiteres daraus, daß der Gasverbrauch für die Innenbeleuchtung zusammen mit dem allgemeinen Haushaltgas gemessen und verrechnet wird. Der Anteil der festen Erzeugungskosten ist für die Innenbeleuchtung schließlich deshalb gering (s. Zahlentafel 8), weil einer nicht ungünstigen Jahresbenutzungsdauer eine sehr kurze Tagesbenutzungszeit in der Zeit der Werkshöchstbeanspruchung gegenübersteht, also von der Möglichkeit der Speicherung weitestgehend Gebrauch gemacht werden kann.

An dem Beispiel der Gaslieferung für die Zwecke des Kochens und der Innenbeleuchtung zeigt sich im übrigen deutlich die Kostenumschichtung, die bei Anwendung des Spitzenlastanteilverfahrens als Folge einer entsprechenden Belastungsverlagerung eintritt. In der Entstehungszeit der Gasversorgung, als die Gaslieferung für Beleuchtungszwecke noch die Hauptrolle gespielt hat, ergaben sich hiefür entsprechend der hohen Lichtspitze auch die höchsten Kosten, während die Kochgaslieferung als zusätzliche Abnahme zunächst nur zu einer Verbreiterung des Belastungsverlaufes und damit zu einer Verbilligung der gesamten Kosten beigetragen hat. Heute liegen die Verhältnisse umgekehrt: Hauptkostenträger ist nunmehr die Kochgaslieferung, während der noch vorhandene Gasbezug für die Zwecke der Innenbeleuchtung seinerseits als zusätzliche Abnahme zu einer Erhöhung der Benutzungsdauer und damit zu einer Senkung der durchschnittlichen Haushaltgaskosten beiträgt. Auf die Folgen einer derartigen Verlagerung, die der Anwendung und Eignung des Spitzenanteilverfahrens unter Umständen auch Grenzen setzen kann, wurde im Schrifttum wiederholt hingewiesen (46, 47).

### h) Die Gaslieferung an den Haushalt zum Zweck der Heißwasserbereitung.

Eine ähnliche Rolle wie die Innenbeleuchtung spielt in ihrer Auswirkung auf die Kosten die Gaslieferung zum Zweck der Heißwasserbereitung, allerdings mit dem Unterschied, daß die Innenbeleuchtung allmählich immer weiter zurückgeht, während die Heißwasserbereitung ein Anwendungsgebiet des Gases darstellt, das erst in der Entwicklung steht und ständig an Bedeutung gewinnt.

Wenn der Einfluß der Gaslieferung für die Zwecke der Heißwasserbereitung auf den Belastungs- und damit auf den Kostenverlauf untersucht werden soll, dann muß man sich darüber Rechenschaft geben, welchen Zwecken die Heißwasserbereitung dient und in welchen Zeiten der Heißwasserbedarf anfällt.

Heißes Wasser wird im Haushalt im wesentlichen für drei Zwecke benötigt, nämlich zum Kochen, zur Reinigung der Wohnung, der Wäsche, des Geschirrs usw. und schließlich zur Reinigung des Körpers, also zum Waschen und Baden.

Soweit heißes Wasser für Kochzwecke benötigt wird, fällt der Gasbedarf hiefür zum Teil in die Zeit der Kochspitze, das heißt aber, die Gaslieferung zur Heißwasserbereitung ist nicht nur mit Erzeugungskosten, sondern auch mit gewissen Verteilungskosten zu belasten. Allerdings wird der auf die Mittagsstunden treffende Gasbedarf nur einen verhältnismäßig geringen Anteil des für die Zwecke der Heißwasserbereitung insgesamt benötigten Gases ausmachen, denn man kann angesichts der Arbeitseinteilung im Haushalt mit Recht voraussetzen, daß während der Zeit der größten Kochbelastung — in unserem Beispiel von $11^{30}$ bis $12^{30}$ — ein nennenswerter Heißwasserbedarf für die Zwecke der Reinigung der Wohnung, der Wäsche und insbesondere des Badens nicht vorliegt. Die Reinigung der Wohnung wird gewöhnlich in den Vormittagsstunden, nach Bereitung des Frühstücks vorgenommen; die Reinigung des Geschirrs schließt sich an die jeweilige Kochbelastung an, während die Reinigung der Wäsche auf die Vormittag- oder Nachmittagstunden entfällt und damit ebenfalls nicht mit der mittäglichen Kochspitze zusammentrifft. Heißwasser für die Zwecke der Körperpflege, also vor allem zum Baden, wird schließlich in den Morgen- oder Abendstunden benötigt.

Auf Grund dieser Überlegungen ergibt sich folgendes:

Wie schon früher festgestellt wurde, gilt für den Gasbedarf zur Heißwasserbereitung, daß der Umlegungsfaktor für den Anteil der festen Erzeugungskosten als unveränderlich anzusehen ist; die Erzeugungskosten erfahren also hiedurch praktisch keine Veränderung. Anders liegen hingegen die Verhältnisse hinsichtlich der Verteilungskosten. Der weitaus überwiegende Teil des zur Heißwasserbereitung benötigten Gasbedarfes trifft nicht mit der mittäglichen Hauptbelastung zusammen, weshalb dem Anteil der festen Verteilungskosten auch nur eine untergeordnete Bedeutung zukommen kann. Ähnlich wie beim Gasbedarf für Beleuchtungszwecke sind Meß- und Verrechnungskosten auch bei der Gaslieferung zur Heißwasserbereitung nicht zu berücksichtigen, weil hiefür die Aufstellung besonderer Zähler jedenfalls insoweit nicht notwendig sein wird, als es sich um die Versorgung des Haushaltes handelt.

Die obere Kostengrenze für die Gaslieferung zum Zwecke der Heißwasserbereitung ist demnach etwa durch die Kurve *b*, die untere Grenze durch die Kurve *a* der Abb. 12 gegeben. Je nach Lage der Verhältnisse kommen also für die Heißwasserbereitung Gaspreise in Betracht, die auf der Grundlage unseres Beispiels im Durchschnitt vielleicht zwischen 15 und 10 Rpf./m³ liegen werden. Dabei ist noch zu beachten, daß die Gasabgabe für Badezwecke ihrerseits wieder zu einer Verbilligung des insgesamt für die Heißwasserbereitung benötigten Gases beiträgt, weil dieser Gasbedarf wohl ausschließlich auf die Zeiten schwacher Belastung fällt, also nicht nur von Vertriebskosten, sondern auch von Verteilungskosten völlig freizuhalten ist.

Durch die im vorstehenden genannten Kosten für die Heißwasserbereitung ist dann nach den für die Tarifbildung maßgebenden Grundsätzen der Verbrauchspreis des Grundpreistarifes bzw. die zweite Preisstufe des Regelverbrauchtarifes festgelegt (s. a. die Tarifbeispiele S. 72 und 73).

### 2. Die gewerblichen Abnehmer.

Die Analyse der Belastungskurven hat gezeigt, daß im vorliegenden Fall für die gewerblichen Abnehmer die Gruppenspitze mit dem Spitzenlastanteil praktisch zusammenfällt (s. Abb. 2). Es ist dies auf den verhältnismäßig hohen Anteil der Gaslieferung an Gaststätten zurückzuführen, der den üblichen Rückgang des Gasbedarfes anderer Gewerbezweige während der Mittagsstunden mehr als ausgleicht und deshalb Veranlassung zur Ausbildung einer kleinen Mittagsspitze ist. Bei einer näheren Betrachtung des Belastungsverlaufes der einzelnen Gewerbezweige konnte in unserem Beispiel weiterhin festgestellt werden, daß der Leistungsbedarf bestimmter Betriebe, wie etwa der Friseure, der Büglereien und des Metallgewerbes nur mit einem Bruchteil in die mittägliche Hauptbelastungszeit fällt, während schließlich andere Gewerbebetriebe, wie die Bäckereien und Konditoreien, die Metzgereien usw. so gut wie nicht an dieser Belastungsspitze beteiligt sind.

Die Gruppenspitze $N_{max}$ beläuft sich für das Gewerbe nach Zahlentafel 1 auf 450 m³/h und der Spitzenlastanteil $N'_{max}$ auf 440 m³/h. Das Verhältnis $\frac{N_{max}}{N'_{max}}$ errechnet sich hieraus zu 1,02. Es kann deshalb wohl genau genug $N_{max} = N'_{max}$ und damit auch $T = T'$ gesetzt werden.

Weiterhin wurde bereits bei Untersuchung des Umlegungsverfahrens für die festen Erzeugungskosten festgestellt, daß bei der gewerblichen Gasabnahme — von einigen Saisonbetrieben abgesehen — eine Verbesserung der Jahresbenutzungsdauer im allgemeinen nur durch eine entsprechende Erhöhung der Tagesbenutzungsdauer erreichbar ist. Daraus folgt, daß der für die Erzeugungskosten maßgebende Kostenumlegungsfaktor $100 \frac{t}{T}$ als unveränderlich anzusehen ist, weshalb die Durchschnittskalkulation anwendbar ist. Damit ist es nun möglich, die Kostengleichung für das Gewerbe aufzustellen.

a) Die Aufstellung der Kostengleichung für das Gewerbe.

Für eine jährlich bezogene Gasmenge $N'_{max} \cdot T' = N_{max} \cdot T$ berechnen sich unter Benutzung der Gl. (7) und (8) die gesamten durchschnittlichen Kosten wie folgt:

$$k = \left[100 \frac{K_e}{24} \cdot \frac{t}{T} + k_b\right] + \frac{100}{T} \left[K_n + K_a \cdot \frac{z}{N_{max}}\right] \text{ in Rpf./m}^3. \quad (10)$$

Die Kostengleichung setzt sich im vorliegenden Fall aus zwei durch die Klammerausdrücke bezeichneten Hauptgliedern zusammen, nämlich einmal aus den beweglichen Kosten, das sind hier nunmehr die gesamten Erzeugungskosten, und andererseits aus dem von der Jahresbenutzungsdauer abhängigen Anteil der festen Verteilungs- und Vertriebskosten.

Setzt man den Ausdruck

$$100 \frac{K_e}{24} \cdot \frac{t}{T} + k_b = k_e \text{ und } z = 1,$$

so vereinfacht sich die Gl. (10) wie folgt:

$$k = \frac{100}{T} \left[K_n + \frac{K_a}{N_{max}}\right] + k_e \text{ in Rpf./m}^3. \quad . \quad . \quad . \quad (10\,a)$$

Unter Verwendung der früher ermittelten Kostenbestandteile und für $100 \frac{t}{T} = 0{,}303$ (s. Zahlentafel 2) ergibt sich damit für $N_{\max} = 1$ m³/h nach Gl. (10):

$$k = \frac{100}{T}\left[132 + 13{,}0\right] + \left[0{,}303 \cdot \frac{310}{24} + 2{,}0\right]$$

oder

$$k = \frac{14500}{T} + 5{,}92 \text{ in Rpf./m}^3.$$

Die sich hieraus errechnenden Durchschnittskosten sind unter gleichzeitiger Aufgliederung nach Erzeugungs-, Verteilungs- und Vertriebskosten der Zahlentafel 13 zu entnehmen.

Zahlentafel 13.

**Aufgliederung der Gewerbegaskosten für verschiedene Benutzungsdauern.**

| Benutzungsdauer $T$ in h | | 1000 | 2000 | 3000 | 4000 | 5000 |
|---|---|---|---|---|---|---|
| Erzeugungskosten | | | | | | |
| a) Anteil der festen Kosten $100 \frac{K_e}{24} \cdot \frac{t}{T} = \text{konst.}$ | Rpf./m³ | 3,92 | 3,92 | 3,92 | 3,92 | 3,92 |
| b) bewegliche Kosten $k_b$ | Rpf./m³ | 2,00 | 2,00 | 2,00 | 2,00 | 2,00 |
| c) Erzeugungskosten $k_e = \text{konst.}$ zusammen | Rpf./m³ | 5,92 | 5,92 | 5,92 | 5,92 | 5,92 |
| Verteilungskosten $100 \frac{K_n}{T} = k_n$ | Rpf./m³ | 13,20 | 6,60 | 4,40 | 3,30 | 2,64 |
| zusammen | Rpf./m³ | 19,12 | 12,52 | 10,32 | 9,22 | 8,56 |
| Vertriebskosten $100 \frac{K_a}{T} = k_a$ | Rpf./m³ | 1,30 | 0,65 | 0,43 | 0,33 | 0,26 |
| insgesamt | Rpf./m³ | 20,42 | 13,17 | 10,75 | 9,55 | 8,82 |

Auch hier sind zur besseren Veranschaulichung der gegenseitigen Größenverhältnisse von Erzeugungs-, Verteilungs- und Vertriebskosten die Werte der Zahlentafel 13 noch in Abb. 16 und zwar wiederum in Abhängigkeit von der Benutzungsdauer dargestellt worden.

Ein Vergleich mit den für die Haushaltabnahme erhaltenen Ergebnissen ist aufschlußreich; er zeigt vor allem, daß die gewerblichen Gaskosten nicht in dem Maße benutzungsdauer- bzw. mengenempfindlich sind wie die Haushaltgaskosten. Während beim Haushalt beispielsweise die Durchschnittskosten bei 5000 Jahresbenutzungsstunden nur mehr rund 23% des für 1000 h geltenden Wertes ausmachen, sinken die Gewerbegaskosten innerhalb der gleichen Ausnutzungsspanne nur auf 43% ab.

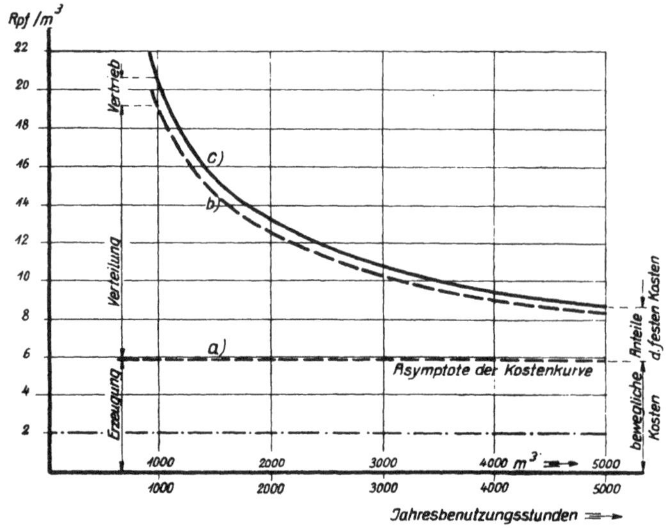


Abb. 16. Gliederung der durchschnittlichen Gewerbegaskosten (für $N_{max} = 1$ m³/h).

Wie ein Vergleich der Werte nach Zahlentafel 10 und 13 zeigt, ist diese Erscheinung auf zwei Umstände zurückzuführen: Die Erzeugungskosten beim Haushalt folgen aus den schon früher erörterten Gründen im wesentlichen den entsprechenden, für die Stromerzeugungskosten geltenden Gesetzen; das heißt also, daß auch der Anteil der festen Erzeugungskosten mit der Benutzungsdauer abfällt. Anders liegen hingegen die Verhältnisse beim Gewerbe; dort gilt, wie nachgewiesen worden ist, für die Erzeugungskosten die Durchschnittskalkulation; die gesamten Erzeugungskosten werden also zu »beweglichen Kosten« und damit von der Jahresbenutzungsdauer unabhängig. Der Anteil der Vertriebskosten ist schließlich, wie ebenfalls ein Blick auf die Zahlentafel 10 und 13 bzw. die Abb. 12 und 16 zeigt, beim Gewerbe bereits weitgehend in den Hintergrund getreten, was darauf zurückzuführen ist, daß bei der Belieferung des Gewerbes erheblich größere Mengen als für den Haushalt in Frage kommen. Daran ändert sich auch grundsätzlich nichts, wenn für die spezifischen Vertriebskosten ein etwas höherer Wert als im vorliegenden Fall angenommen werden müßte, um der Tatsache Rechnung zu tragen, daß bei der größeren gewerblichen Abnahme auch ein entsprechend größerer und damit teurerer Gaszähler verwendet werden muß.

Der Umstand, daß sich die Durchschnittskosten für die gewerbliche Gaslieferung nicht in den weiten Grenzen bewegen, wie sie sich bei der Belieferung des Haushalts ergeben haben, deckt sich im übrigen durchaus mit den Bedürfnissen und Erfahrungen der Praxis. Die Preisspanne, die durch den Gewerbetarif gegebenenfalls zu überbrücken ist, erreicht keineswegs den hohen Betrag, der beim Haushalt dadurch bedingt ist, daß dort der Tarif drei Anwendungsgebiete mit sehr weit auseinanderliegenden Preisen, nämlich das Kochen, die Heißwasserbereitung und die Raumheizung, zu erschließen hat.

### b) Kosten- und Tarifvergleich.

Bei der gewerblichen Gaslieferung läßt sich die Brücke zwischen den Kosten und dem zu verrechnenden Tarif leichter als bei der Haushaltgaslieferung schlagen. Während dort erst nach entsprechenden Beziehungen zwischen der Wohnungsgröße einerseits und dem Spitzenlastanteil andererseits gesucht werden mußte, stehen hier die Bezugsgrößen für Kosten und Tarif grundsätzlich in Übereinstimmung.

Mag nun im einzelnen die Form des Stufentarifes oder des Grundpreistarifes gewählt werden, auf jeden Fall muß bei der Tarifgestaltung zunächst die unterste Preisgrenze, also der Preis für die letzte Tarifstufe bzw. der Verbrauchspreis bei Anwendung des Grundpreistarifes, festgesetzt werden. Dabei wird nicht nur darauf Rücksicht zu nehmen sein, daß jede gewerbliche Gasanforderung befriedigt werden kann, sondern es sollte gleichzeitig auch die Anwendung des Gases für die Zwecke der Raumheizung erschlossen werden, ohne daß es hiefür etwa einer getrennten Installation oder eines besonderen Zählers bedarf.

Mit Rücksicht auf diese Gesichtspunkte ist in unserem Beispiel von einem unteren Verbrauchspreis in der Größenordnung von 8 Rpf./$m^3$ auszugehen. Wird für die gewerbliche Gasabgabe die Form des Grundpreistarifes gewählt, so müßte bei Festsetzung des Grundpreises wiederum darauf Bedacht genommen werden, daß für das Gebiet der üblichen Benutzungsdauer des Spitzenlastanteiles, die in unserem Beispiel etwa 2700 h betrug, eine möglichst gute Übereinstimmung zwischen Kosten und Tarif erreicht wird. Auf Grund dieser Voraussetzungen und Bedingungen hat sich für unser Beispiel ein jährlicher Grundpreis von rund 96 RM./$m^3$/h ergeben. Dieser Grundpreistarif läßt sich in bekannter Weise auch in einen etwa preisgleichen Stufentarif (Zonentarif) umwandeln.

Für verschiedene Jahresabnahmen errechnen sich aus den vorgenannten Tarifkomponenten damit folgende Kosten bzw. Durchschnittspreise:

Zahlentafel 14.

**Kosten- und Tarifvergleich für das Gewerbe.**

| Benutzungsdauer $T$ h | Jahresabnahme für $N_{max} = 1$ m³/h m³ | Durchschnittskosten Rpf./m³ | Durchschnittspreis Rpf./m³ | Unterschied gegenüber der Kostenrechnung Rpf./m³ |
|---|---|---|---|---|
| 1 000 | 1 000 | 20,42 | 17,6 | —2,82 |
| 2 000 | 2 000 | 13,17 | 12,8 | —0,37 |
| 3 000 | 3 000 | 10,75 | 11,2 | +0,45 |
| 4 000 | 4 000 | 9,55 | 10,4 | +0,85 |
| 5 000 | 5 000 | 8,82 | 9,92 | +1,10 |

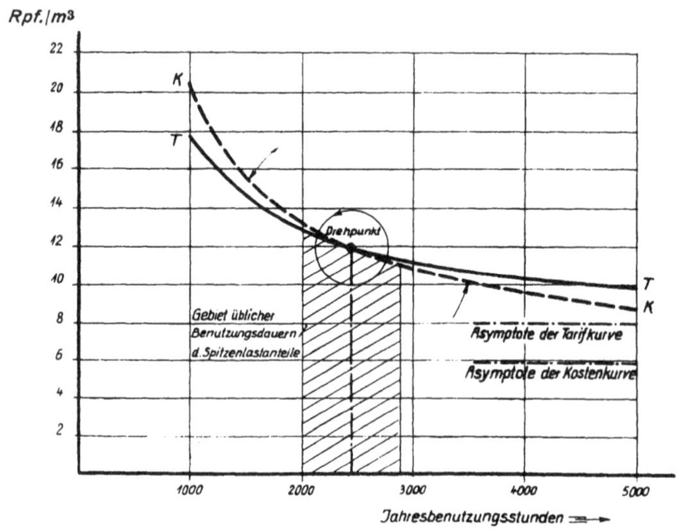


Abb. 17. Kosten- und Tarifkurve für das Gewerbe.

Der durch die Werte der Zahlentafel 14 bestimmte Verlauf der Kosten- und Tarifkurve ist aus Abb. 17 ersichtlich. Wie diese Abbildung erkennen läßt, stehen Kosten- und Tarifkurve, die beide wiederum den bekannten hyperbolischen Verlauf aufweisen, nahezu über den ganzen Bereich der Benutzungsdauern in guter Übereinstimmung. Die Preiskurve ist, ähnlich wie sich dies schon bei Untersuchung des für den Haushalt geltenden Kosten- und Tarifverlaufes gezeigt hat, gegenüber der Kostenkurve im Gegensinn des Uhrzeigers gedreht. Die Gründe, die zu dieser Drehung Veranlassung gegeben haben, sind im wesentlichen die gleichen, die schon bei der Haushaltgaslieferung erörtert worden sind.

Die Drehung selbst hat sich wiederum aus der gegenseitigen Änderung der festen und beweglichen Kostenbestandteile ergeben und dazu geführt, daß bei kleinen Abnahmen die Tarifkurve unter und bei größeren Abnahmen über den sich auf Grund der Kostenrechnung ergebenden Werten liegt. Der Drehpunkt selbst ist richtig gelegt, denn er befindet sich im Gebiet der für die ganze Abnehmergruppe geltenden mittleren Benutzungsdauer.

Hinsichtlich der Benutzungsdauer ist besonders zu beachten, daß für die Durchführung der Rechnung nicht etwa die absoluten Werte in Frage kommen, die sich aus dem Verbrauch und dem größten Leistungsbedarf der einzelnen Abnehmer ergeben. Maßgebend sind vielmehr die unter Zugrundelegung des Spitzenlastanteiles ermittelten Benutzungsdauern, die unter Umständen sehr viel höher sein können. Dies gilt in gleicher Weise auch für die im folgenden behandelte Gruppe der Großabnehmer.

### 3. Die Großabnehmer.

Ähnlich wie beim Gewerbe liegen die Verhältnisse bei den Großabnehmern. Auch für diese Abnehmergruppe ist schon in den vorausgegangenen Abschnitten festgestellt worden, daß — von typischen Saisonbetrieben abgesehen — eine Verbesserung der Jahresbenutzungsdauer im allgemeinen eine entsprechende Erhöhung der Tagesbenutzungsdauer voraussetzt. Jahres- und Tagesbenutzungsdauer entsprechen sich also, weshalb wiederum der für die Umlegung der festen Erzeugungskosten maßgebende Faktor $100 \frac{t}{T}$ als praktisch unveränderlich betrachtet werden kann. Auch für die Großabnehmer gilt demnach hinsichtlich der Erzeugungskosten grundsätzlich die Durchschnittskalkulation.

Während beim Gewerbe die Gruppenspitze mit genügender Genauigkeit gleich dem Spitzenlastanteil gesetzt werden konnte, ist diese Vereinfachung bei den Großabnehmern nicht mehr möglich. Nach Zahlen-Tafel 1 beläuft sich für die Großabnehmer in unserem Beispiel die Gruppenspitze $N_{\max}$ auf 950 und der Spitzenlastanteil $N'_{\max}$ auf 630 m³/h. Das Verhältnis $\frac{N_{\max}}{N'_{\max}}$, das bei Anwendung der Kostengleichung in der Form der Gl. (8a) benötigt wird, berechnet sich damit zu $\frac{950}{630} = 1{,}5$. Im Gegensatz zum Gewerbe weist also die Gruppe der Großabnehmer zur Zeit der höchsten Gesamtbelastung nicht eine Erhöhung, sondern, wie man aus der Analyse der Belastungskurve (s. Abb. 2) erkennt, eine nicht unbeträchtliche Belastungsabsenkung auf, eine Erscheinung, die von günstiger Rückwirkung bei der Umlegung der Gasverteilungskosten ist.

#### a) Die Aufstellung der Kostengleichung für die Großabnehmer.

Die Durchschnittskosten in Rpf./m³ berechnen sich für beliebige Jahresabnahmen $N'_{\max} \cdot T'$ unter Benutzung der Kostengleichung (8a) bzw. (10) wie folgt:

$$k = \left[100 \frac{K_e}{24} \cdot \frac{t}{T'} \cdot \frac{N_{max}}{N'_{max}} + k_b\right] + \frac{100}{T'}\left[K_n + K_a \cdot \frac{z}{N'_{max}}\right] \quad \ldots (11)$$

Wie beim Gewerbe setzen sich auch bei der Gruppe der Großabnehmer die Durchschnittskosten aus zwei Hauptgliedern zusammen, nämlich aus den beweglichen Kosten, also im vorliegenden Fall aus den gesamten Erzeugungskosten, und aus den von der Jahresbenutzungsdauer des Spitzenlastanteiles abhängigen festen Verteilungs- und Vertriebskosten.

Setzt man deshalb wie bei der Gruppe der gewerblichen Abnehmer den Ausdruck

$$100 \frac{K_e}{24} \cdot \frac{t}{T'} \cdot \frac{N_{max}}{N'_{max}} + k_b = k_e \text{ und weiterhin } z = 1,$$

so vereinfacht sich Gl. (11) auf die Form:

$$k = \frac{100}{T'}\left[K_n + \frac{K_a}{N'_{max}}\right] + k_e \quad \ldots \ldots \text{(11 a)}$$

Unter Anwendung der früher ermittelten spezifischen Kosten und für $100 \frac{t}{T'} = 0{,}212$ ergibt sich damit für $N'_{max} = 100\ m^3/h$ folgende Beziehung für die Durchschnittskosten:

$$k = \frac{100}{T'}\left[132 + \frac{72}{100}\right] + \left[\frac{310}{24} \cdot 0{,}212 \cdot 1{,}5 + 2{,}0\right]$$

oder

$$k = \frac{13272}{T'} + 6{,}1 \text{ in Rpf./m}^3.$$

Will man die Durchschnittskosten nicht auf den Spitzenlastanteil $N'_{max}$ und dessen Benutzungsdauer $T'$, sondern auf die tatsächliche Gruppenspitze $N_{max}$ und deren Benutzungsdauer $T$ beziehen, so ergibt sich für die Durchschnittskosten unter Anwendung der Gl. (8) folgender Ausdruck, sofern man $z$ wiederum $= 1$ setzt:

$$k = \left[100 \frac{K_e}{24} \cdot \frac{t}{T} + k_b\right] + \frac{100}{T}\left[K_n \cdot \frac{N'_{max}}{N_{max}} + \frac{K_a}{N_{max}}\right] \quad \ldots (12)$$

Der Reduktionsfaktor der Verteilungskosten $\frac{N'_{max}}{N_{max}}$ errechnet sich im vorliegenden Fall zu $\frac{630}{950} = 0{,}66$.

Nach Zahlentafel 2 beträgt der Kostenumlegungsfaktor für die festen Erzeugungskosten $100 \frac{t}{T} = 0{,}318$; setzt man weiterhin für die

Gruppenspitze $N_{max} = 100$ m³/h, so ergibt sich folgende Beziehung für die Durchschnittskosten:

$$k = \frac{8792}{T} + 6{,}1 \text{ in Rpf./m}^3.$$

Da für unser Beispiel $T' = 1{,}5 \cdot T$ ist, ergeben sich bei Anwendung der Gleichungen so, wie dies selbstverständlich auch sein muß, übereinstimmende Durchschnittskosten.

Während bisher für die jährlichen Vertriebskosten mit einem Durchschnittswert von 13.— RM./Abnehmer gerechnet worden ist, wurde im vorliegenden Fall dieser Betrag auf 72.— RM. unter Berücksichtigung des Umstandes erhöht, daß für eine Leistung von 100 bis 150 m³/h erheblich größere Jahresaufwendungen für den bereitzuhaltenden entsprechend größeren Gasmesser anfallen.

Der Aufbau der Kostengleichung zeigt aber, daß bei derartigen Gasmengen, wie sie bei der Großabnehmerlieferung gewöhnlich in Frage kommen, der Anteil der Vertriebskosten völlig zu vernachlässigen ist; der Wert $K_a$ hätte deshalb genau so gut $= 0$ gesetzt werden können. Dies zeigen auch die Ergebnisse der folgenden Zahlentafel 15, aus der wiederum die Aufgliederung der gesamten Durchschnittskosten auf Erzeugung, Verteilung und Vertrieb für verschiedene Benutzungsdauern entnommen werden kann.

Zahlentafel 15.

**Aufgliederung der Großabnehmerkosten für verschiedene Benutzungsdauern.**

| Benutzungsdauer $T'$ in h | | 1000 | 2000 | 4000 | 6000 | 8000 |
|---|---|---|---|---|---|---|
| Erzeugungskosten | | | | | | |
| a) Anteil der festen Kosten $100 \frac{K_e}{24} \cdot \frac{t}{T'} \cdot \frac{N_{max}}{N'_{max}} = \text{konst.}$ | Rpf./m³ | 4,1 | 4,1 | 4,1 | 4,1 | 4,1 |
| b) bewegliche Kosten $k_b$ | Rpf./m³ | 2,0 | 2,0 | 2,0 | 2,0 | 2,0 |
| c) Erzeugungskosten $k_e = \text{konst.}$ zusammen | Rpf./m³ | 6,1 | 6,1 | 6,1 | 6,1 | 6,1 |
| Verteilungskosten $100 \frac{K_n}{T'} = k_n$ | Rpf./m³ | 13,2 | 6,6 | 3,3 | 2,2 | 1,65 |
| zusammen | Rpf./m³ | 19,3 | 12,7 | 9,4 | 8,3 | 7,75 |
| Vertriebskosten $\frac{K_a}{T'} = k_a$ | Rpf./m³ ~ | 0,07 | 0,04 | 0,02 | 0,01 | 0,01 |
| insgesamt | Rpf./m³ | 19,37 | 12,74 | 9,42 | 8,31 | 7,76 |

Um auch hier die gegenseitigen Größenverhältnisse zwischen Erzeugungs-, Verteilungs- und Vertriebskosten zu veranschaulichen, sind die Werte der Zahlentafel 15 in Abhängigkeit von der Benutzungsdauer $T'$ noch in Abb. 18 dargestellt worden.

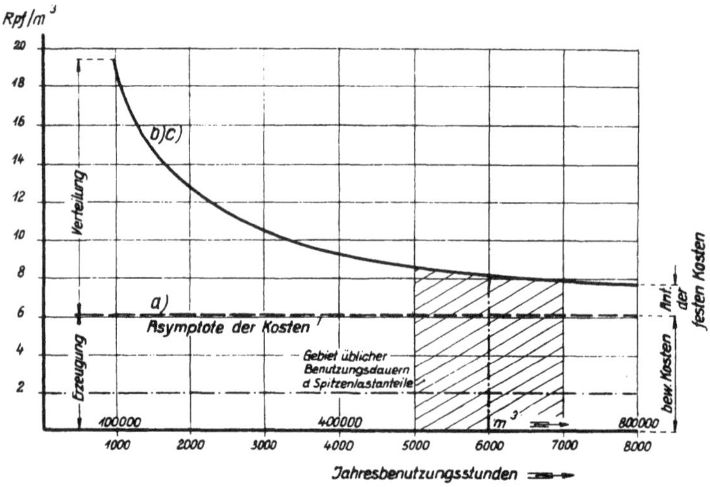


Abb. 18. Gliederung der durchschnittlichen Großabnehmergaskosten (für $N'_{\max} = 100$ m³/h).

Ein Vergleich mit den für das Gewerbe erhaltenen Ergebnissen zeigt folgendes:

Noch mehr wie beim Gewerbe treten jetzt die von der Benutzungsdauer praktisch unabhängigen Erzeugungskosten in den Vordergrund, eine Erscheinung, die sich in gleicher Weise auch bei der Großabnehmerlieferung in der Elektrizitätsversorgung bemerkbar macht. Daß die durchschnittlichen Erzeugungskosten im vorliegenden Fall sogar etwas über den entsprechenden, für das Gewerbe ermittelten Werten liegen, geht auf die Größe der beiderseitigen Kostenumlegungsfaktoren, aber auch auf die Anwendung des vereinfachten Rechnungsverfahrens zurück. Wie die Analyse der Belastungskurven ergeben hat, weist die Gaslieferung an die Großabnehmer in unserem Beispiel eine verhältnismäßig hohe Tagesbenutzungsdauer $t$ auf, was zur Folge hat, daß von der durch die Speicherung gebotenen Möglichkeit der Kostenverbilligung nicht genügend Gebrauch gemacht werden kann.

Das Beispiel der Großabnehmer zeigt aber weiter, daß das vereinfachte Rechnungsverfahren dann, wenn auf Bruchteile von Pfennigen genau kalkuliert werden muß, nicht mehr anwendbar ist. Nach Zahlentafel 5 liefert die genaue Rechnung, also die gesonderte Umlegung der Speicherkosten, für das Gewerbe durchschnittliche Erzeugungskosten im Betrage von 6,13 Rpf./m³, für die Großabnehmer hingegen solche in Höhe von 5,85 Rpf./m³. Es besteht also tatsächlich ein gewisser Unterschied zugunsten der Großabnehmer, der auf die verschiedenartige Inanspruchnahme des Speicherraumes durch die beiden Abnehmergruppen zurückgeht.

Die Verteilungskosten treten bei der Großabnehmerlieferung infolge der hohen nunmehr in Betracht kommenden Benutzungsdauern weiter zurück, was hier noch dadurch verstärkt wird, daß die Belastungskurve der Großabnehmer während der mittäglichen Hauptbelastungszeit eine deutlich erkennbare Absenkung aufweist. Die anteiligen Vertriebskosten, die schon beim Gewerbe nur mehr zu einer geringfügigen Erhöhung der Durchschnittskosten geführt haben, sind bei der Großabnehmerbelieferung völlig zu vernachlässigen. Die Jahresbenutzungsdauer der Gruppenspitze schließlich liegt in unserem Beispiel in Auswirkung der verhältnismäßig hohen Nachtbelastung sehr günstig und beläuft sich auf 4035 h. Erheblich größer ist noch, worauf ebenfalls schon hingewiesen wurde, bei dem im vorliegenden Fall gegebenen Belastungsablauf die Benutzungsdauer des Spitzenlastanteiles, die rund das 1,5fache des vorgenannten Wertes, nämlich 6080 h beträgt. Dabei ist daran zu erinnern, daß die Benutzungsdauer des Spitzenlastanteiles auch sehr wohl Beträge erreichen kann, die über 8760 h liegen.

### b) Kosten- und Tarifvergleich.

In noch einfacherer Weise als beim Gewerbe läßt sich für die Gruppe der Großabnehmer aus der Kostengleichung ein entsprechender Tarif ableiten, wobei entsprechend den vorausgegangenen Ausführungen nunmehr die sich aus der genauen Rechnung ergebenden Erzeugungskosten in Ansatz gebracht werden sollen.

Auch bei der Belieferung der Großabnehmer stehen die Ausgangsgrößen für den Tarif grundsätzlich in Übereinstimmung mit den Kostenbestandteilen. Unter Anlehnung an die Kostengleichung ergibt sich für unser Beispiel zunächst folgender Großabnehmertarif:

Es wird erhoben:
für die in die Spitzenzeit fallende Leistungsbeanspruchung ein jährlicher Bereitstellungspreis . . . . . . . . . . . . . . von 124 RM./m³/h
dazu ein Verbrauchspreis . . . . . . . von 6 Rpf./m³.

Wenn der Bereitstellungspreis nicht wie im obigen Beispiel auf den Spitzenlastanteil, sondern auf die Gruppenspitze oder den Anschlußwert bezogen wird, so ermäßigt er sich unter der Auswirkung des Gleichzeitigkeitsfaktors ganz erheblich.

Der Abstand zwischen Kosten- und Tarifasymptote hat sich von Abnehmergruppe zu Abnehmergruppe verringert, bis nunmehr im vorliegenden Fall die beweglichen Kosten mit dem Verbrauchspreis bzw. der letzten Preisstufe des Regelverbrauchtarifes praktisch zusammenfallen.

Für verschiedene Jahresabnahmen errechnen sich nunmehr folgende Kosten bzw. Durchschnittspreise:

Zahlentafel 16.

**Kosten- und Tarifvergleich für die Großabnehmer.**

| Benutzungsdauer $T'$ | Jahresabnahme $N'_{max} = 100$ m³/h | Durchschnittskosten | Durchschnittspreis | Unterschied gegenüber der Kostenrechnung |
|---|---|---|---|---|
| h | m³ | Rpf./m³ | Rpf./m³ | Rpf./m³ |
| 2 000 | 200 000 | 12,49 | 12,20 | —0,29 |
| 4 000 | 400 000 | 9,17 | 9,10 | —0,07 |
| 6 000 | 600 000 | 8,06 | 8,06 | 0 |
| 8 000 | 800 000 | 7,51 | 7,55 | +0,04 |

Die Übereinstimmung zwischen Kosten und Tarif ist damit für die verschiedensten Benutzungsdauern bzw. Abnahmemengen vollständig geworden, weshalb der vorstehende Tarif wohl mit Recht als Musterbeispiel eines »kostenechten Tarifes« bezeichnet werden kann. Der vorerwähnte Tarif, der die Form des Grundpreistarifes aufweist, läßt sich in der üblichen Weise wiederum in einen etwa preisgleichen Stufentarif umwandeln, sofern diese Tarifform bevorzugt wird.

Bei Anwendung des Stufentarifes erweist sich die Stufenbreite, also die in den einzelnen Preisstufen abzunehmende Gasmenge, von der Leistungsinanspruchnahme jedenfalls dann beeinflußt, wenn die Verteilungskosten mitberücksichtigt werden müssen. Man erkennt dies auch ohne weiteres, wenn man in Betracht zieht, daß es in der Kosten- und damit in der Preisgestaltung einen sehr erheblichen Unterschied ausmachen muß, ob beispielsweise eine jährliche Gasmenge von 1 Million m³ bei einem Spitzenlastanteil von 100 oder 1000 m³/h bezogen wird.

Schließlich soll noch ermittelt werden, welche Durchschnittskosten sich im Grenzfall für einen Großabnehmer errechnen würden, der an 300 Arbeitstagen im Jahr eine völlig gleichmäßige Belastung aufzuweisen hat. Bei einer solchen Belastung muß $N'_{max} = N_{max}$ und damit $T' = T$ sein, während die Tagesbenutzungsdauer $t = 24$ h wird. Da weiterhin für die Großabnehmerlieferung ganz allgemein der Anteil der Abnehmerkosten vernachlässigt werden kann, wird $z = 0$. Die allgemeine Kostengleichung (8) vereinfacht sich damit für eine solche Abnahme auf den Ausdruck:

$$k = \frac{100}{T} \left[K_e + K_n\right] + k_b \text{ in Rpf./m}^3 \qquad (13)$$

Der Einfluß der Speicherung auf die Erzeugungskosten ist also nunmehr verschwunden, denn es besteht bei einem derartigen Belastungsablauf keinerlei Möglichkeit, von der kostenverbilligenden Wirkung der Speicherung Gebrauch zu machen. Die Gl. (13) hat damit genau dieselbe Form angenommen, die allgemein für die Großabnehmerbelieferung in der Elektrizitätsversorgung gilt, denn auch dort ist selbstverständlich bei den in Betracht kommenden Strommengen der Anteil der Vertriebskosten zu vernachlässigen.

Für den im vorstehenden angeführten Belastungsfall errechnen sich die Durchschnittskosten zu:

$$k = \frac{310 + 132}{7200} + 2{,}0 = 8{,}14 \text{ Rpf./m}^3.$$

Vergleicht man diesen Wert mit den Ergebnissen der Zahlentafel 15, so erkennt man, daß die vorstehende Belastungsannahme keineswegs als die günstigste anzusehen ist. Zwei Umstände tragen hiezu bei: Zunächst ist zu berücksichtigen, daß $t = 24$ h wird und deshalb, wie erwähnt, von der kostensenkenden Wirkung des Speichers kein Gebrauch gemacht werden kann. Dazu kommt aber noch weiter, daß $N'_{max} = N_{max}$ ist, also der betreffende Abnehmer in vollem Umfang zu den Netzkosten beizutragen hat. Selbst wenn im vorliegenden Fall die Verteilungskosten unberücksichtigt bleiben könnten, so würden sich immerhin noch Durchschnittskosten von 6,3 Rpf./m³ ergeben, ein Betrag, der bemerkenswerterweise noch über den mittleren Erzeugungskosten der gesamten Abnehmergruppe liegt. Dieser Vergleich läßt in besonders deutlicher und klarer Weise den Unterschied erkennen, der unter dem Einfluß der Speicherung zwischen der Kostengestaltung der Gas- und Elektrizitätsversorgung besteht.

### c) Maßnahmen zur Kostensenkung bei der Belieferung der Großabnehmer.

Die im vorliegenden Fall ermittelten Großabnehmerpreise erscheinen vielleicht nicht allzu günstig. Es ist aber dabei zu berücksichtigen, daß es sich in unserem Beispiel um eine auf sich selbst gestellte Stadtgasversorgung handelt, die zudem, was die Erzeugungs- und Absatzbedingungen betrifft, unter erschwerten Verhältnissen arbeitet. Das ändert jedoch nichts daran, daß die Preise, wie sie sich in unserem Beispiel ergeben haben, nicht immer ausreichen werden, um gewisse industrielle Anwendungsgebiete der Gasversorgung zu erschließen.

Je größer die an einen Abnehmer zu liefernden Energiemengen sind, um so geringer wird in der Regel die verfügbare Spanne zwischen Wertigkeit und Kosten sein. Dies kann soweit gehen, daß schließlich die Wertigkeit die Grenze der Selbstkosten erreicht oder sogar unterschreitet. In solchen Fällen ist dann zu untersuchen, ob etwa noch besondere Maßnahmen zur weiteren Kostensenkung ergriffen werden können. Von welcher Bedeutung dabei eine möglichst wirtschaftliche und billige Gasbeschaffung ist, beweist der entscheidende Anteil, der den Beschaffungskosten bei der Belieferung der Großabnehmer zukommt.

Zum Zweck einer weiteren Preissenkung kann es sich zunächst als notwendig erweisen, von der Berechnung der mittleren Gruppenkosten abzugehen und die Kosten- und Preisermittlung für den Einzelfall durchzuführen. Dabei lassen sich dann viel leichter auch besondere Umstände berücksichtigen, etwa die Art und Weise, wie die Beanspruchung des Leitungsnetzes erfolgt, ob hiefür größere Investierungen zu machen sind, wer die Kosten dieser Investierungen trägt, ob Baukostenzuschüsse geleistet werden und anderes mehr.

Weiterhin ist schon bei Erörterung der für die Umlegung der Verteilungskosten geltenden Grundsätze darauf hingewiesen worden, daß infolge der bequemen und verhältnismäßig billigen Speicherbarkeit des Gases die Großabnehmer notwendigenfalls die allgemeine Netzspitze durch Aufstellung eines ihren Bedürfnissen angepaßten Gasbehälters unschwer in ähnlicher Weise vermeiden können, wie etwa Stromabnehmer mit Hilfe einer Akkumulatorenbatterie der Lichtspitze ausweichen. Geschieht dies, so kommen bei Anwendung des Spitzenlastanteilverfahrens die Verteilungskosten in Fortfall, so daß für die Großabnehmerbelieferung nur mehr die reinen Erzeugungskosten bestehen bleiben, die sich in unserem Beispiel bei Anwendung des genauen Kostenumlegungsverfahrens immerhin noch auf 5,85 Rpf./$m^3$ belaufen.

Die Vermeidung der Hauptbelastung durch Ausnutzung der örtlichen Speichermöglichkeit kann durch geeignete tarifliche Maßnahmen unterstützt werden so, wie dies auch in der Elektrizitätsversorgung geschieht. Diese Maßnahmen bestehen bekanntlich in der Erhebung eines Bereitstellungspreises für die in die Zeit der Hauptspitze fallende Belastung oder in der Verrechnung des Energiebezuges nach einem Doppeltarif, wobei die »hohe Tarifzeit« bzw. die »Sperrzeit« in unserem Beispiel etwa auf die Stunden von 11 bis 13 Uhr zu legen wäre. Solche Doppeltarife sind dem Gasfach an sich nicht fremd; sie finden beispielsweise in Frankreich Anwendung (48).

Es läßt sich dann weiterhin der Standpunkt vertreten, daß im einen oder anderen Sonderfall bei den Gasmengen, wie sie für die Belieferung von Großabnehmern in Frage kommen, auch mit einer geringeren als der normalen Ertragsspanne bzw. mit niedrigeren Finanzzuschlägen gerechnet werden muß. Von diesem Aushilfsmittel zur Kostensenkung wird allerdings mit Vorsicht Gebrauch zu machen sein, denn es darf sich hierdurch entsprechend dem Grundsatz der Tarifgerechtigkeit keinesfalls etwa eine zusätzliche Belastung anderer Abnehmergruppen ergeben. Wenn es auf diesem Weg möglich sein sollte, noch eine Preissenkung von beispielsweise 5% herbeizuführen, so würde sich im vorliegenden Fall unter gleichzeitiger Benutzung der örtlichen Speicherung zum Zweck der Vermeidung der Verteilungskosten ein durchschnittlicher Großabnehmerpreis von 5,5 Rpf./m³ ergeben.

Für bestimmte Anwendungsgebiete des Gases, insbesondere wenn es sich etwa um die Lieferung größter Gasmengen an die eisenverarbeitende Industrie handelt, sind aber auch die im vorstehenden ermittelten Preise noch nicht ausreichend. Mit der eigenen Gaserzeugung allein, noch dazu innerhalb eines verhältnismäßig beschränkten Absatzgebietes, ist dann nicht mehr auszukommen. Derartige Lieferungen wachsen vielmehr in den Bereich der Ferngasversorgung hinein, die einen Ausweg aus dem Engpaß zwischen Wertigkeit und Kosten bieten kann. Voraussetzung hiefür ist, wie hier nur angedeutet werden soll, daß einerseits die Gasbeschaffung unter vorteilhaften Bedingungen — wie etwa in den Bergbaugebieten — möglich ist und andererseits das zu beliefernde Versorgungsgebiet günstig zu den Ferngasstrecken gelegen ist. Bei der Ermittelung der Übertragungskosten wird die Auswirkung der zu übertragenden Mengen und die Größe der zu überbrückenden Entfernungen in ähnlicher Weise wie in der Großraumwirtschaft der Elektrizitätsversorgung in Rechnung zu stellen sein. Auch die Zusammenarbeit zwischen der Ferngasversorgung und dem örtlichen Erzeuger- bzw. Verteilerwerk wird sich etwa nach den Grundsätzen vollziehen müssen, die sich für die entsprechenden Verhältnisse in der Elektrizitätswirtschaft im Laufe der Zeit herausgebildet haben.

### 4. Die städtischen Anlagen und Betriebe.

Die im vorliegenden Fall als besondere Abnehmergruppe behandelten städtischen Anlagen und Betriebe stehen, wie nur kurz erwähnt werden soll, hinsichtlich der Kosten- und Preisgestaltung zwischen den gewerblichen und den Großabnehmern. Dem entsprechen auch die Absatzgebiete, die sich in der Hauptsache auf Krankenhäuser, Altersheime, Werkstätten, Lehrküchen in Schulen und schließlich noch auf das weite Gebiet der Raumbeheizung erstrecken. Gerade dieser letztere Umstand trägt bei den in unserem Beispiel zugrunde liegenden Belastungsverhältnissen zu einer gewissen Preisverbilligung gegenüber dem Gewerbe bei, weil durch die in den Wintermonaten zu liefernden zusätzlichen Heizgasmengen die Jahresbenutzungsdauer $T$ günstig beeinflußt wird. Es bestünde selbstverständlich ohne weiteres die Möglichkeit, die städtischen Anlagen und Betriebe auf die Abnehmergruppen Gewerbe, Großabnehmer und Raumheizung aufzuteilen und dort dann kosten- und preismäßig mitzuerfassen.

### 5. Die Straßenbeleuchtung.

Für die Straßenbeleuchtung entfallen Ablesung und Inkasso im üblichen Sinn, ebenso die sonstigen Leistungen des Kundendienstes, wie

Werbung, Beratung usw. Vertriebskosten sind hier also nicht zu berücksichtigen, ganz abgesehen davon, daß sie bei den Gasmengen, um die es sich in der Regel handelt, nicht ins Gewicht fallen würden.

Die Analyse der Belastungskurven und die Kostenaufgliederung hat gezeigt, daß bei der Straßenbeleuchtung aber auch die Verteilungskosten praktisch zu vernachlässigen sind, denn die Belastung fällt, die wenigen Tag und Nacht brennenden Lampen ausgenommen, völlig außerhalb der eigentlichen Spitzenzeit. Die umzulegenden Verteilungskosten machen in unserem Beispiel demgemäß auch nur 0,25 Rpf./m³ aus. Übrig bleiben also lediglich die Erzeugungskosten, die für gegebene Brennzeiten der Beleuchtungsanlage, also für bestimmte Benutzungsdauern, ebenfalls festliegen und im vorliegenden Fall zu 5,38 Rpf./m³ ermittelt worden sind.

Werden die Brennzeiten der Straßenbeleuchtung verlegt, so hat dies auch eine Änderung der Benutzungsdauern zur Folge, die außerdem noch auf andere Weise beeinflußt werden kann. Bei der Straßenbeleuchtung ist bekanntlich zu unterscheiden zwischen der sogenannten ganznächtigen Beleuchtung, deren Benutzungszeit ein für allemal durch die Natur gegeben ist, und der halbnächtigen Beleuchtung, deren Beginn zwar ebenfalls durch den Einbruch der Dunkelheit festliegt, deren Dauer aber in gewissen Grenzen veränderlich ist. Dazu kommt weiterhin, daß das Größenverhältnis zwischen halb- und ganznächtiger Beleuchtung örtlich sehr verschieden sein kann. Auch hierdurch wird aber die resultierende Benutzungsdauer der Gruppenspitze beeinflußt.

Der Anteil der festen Erzeugungskosten ist, wie sich hat nachweisen lassen, durch den Kostenumlegungsfaktor $100 \frac{t}{T}$ gegeben. Welchen Änderungen ist nun dieses Verhältnis unterworfen, wenn sich die Ausschaltzeit der halbnächtigen Beleuchtung und ihr Größenverhältnis gegenüber der ganznächtigen Beleuchtung ändert?

Der Verlauf der Tagesbenutzungsdauer $t$ ist wiederum für die Zeit der Hauptbeanspruchung der Werksanlagen, in unserem Beispiel also für die Tage von Ende August bis anfangs September, zu ermitteln. Die sich dabei für verschiedene, zwischen 21 und 24 Uhr liegende Abschaltzeiten ergebenden Werte sind in Abhängigkeit von der Größe der halbnächtigen Beleuchtung der Abb. 19a zu entnehmen.

Man ersieht, daß die Tagesbenutzungsdauer im vorliegenden Fall immerhin in den verhältnismäßig weiten Grenzen von 5 bis 10 h schwanken kann; sie steigt in dem Maß an, wie die Brenndauer der halbnächtigen Beleuchtung verlängert wird und geht begreiflicherweise um so mehr zurück, je größer die Leistung der halbnächtigen Beleuchtung im Vergleich zur ganznächtigen ist.

Grundsätzlich denselben Verlauf zeigt aus den gleichen Gründen die Jahresbenutzungsdauer $T$, deren Werte von allgemeinerer Gültig-

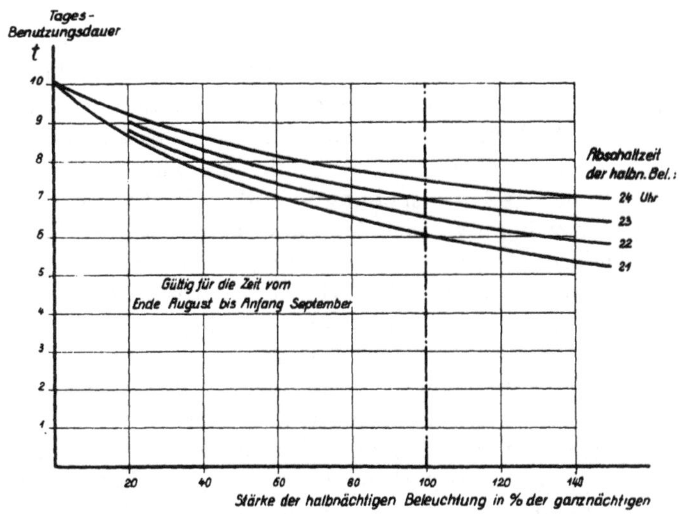


Abb. 19 a.

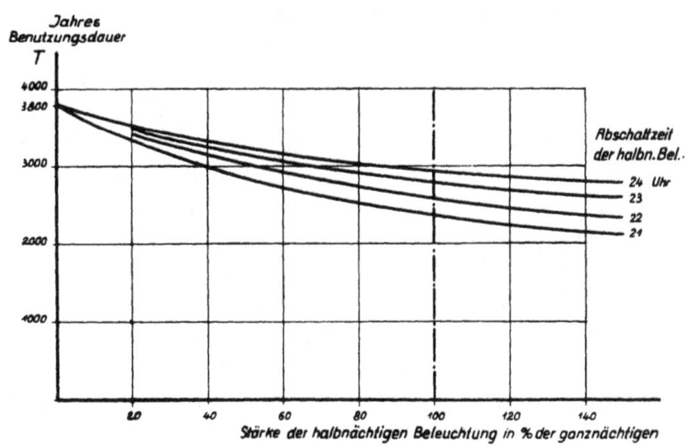


Abb. 19 b.

Abb. 19. Tages- und Jahresbenutzungsdauer der Straßenbeleuchtung.

keit sind und deshalb noch in Zahlentafel 17 wiedergegeben werden sollen.

Zahlentafel 17.

**Jahresbenutzungsdauern der Straßenbeleuchtung.**

| halbnächtige Beleuchtung in % der ganznächtigen Beleuchtung | Jahresbenutzungsdauer *T* für eine Abschaltzeit der halbnächtigen Beleuchtung um: | | | |
|---|---|---|---|---|
| | 21 Uhr | 22 Uhr | 23 Uhr | 24 Uhr |
| 0 | 3 800 | 3 800 | 3 800 | 3 800 |
| 50 | 2 890 | 3 010 | 3 130 | 3 260 |
| 100 | 2 425 | 2 607 | 2 789 | 2 972 |
| 150 | 2 140 | 2 370 | 2 590 | 2 800 |

Schon früher bei der grundsätzlichen Erörterung des Kostenumlegungsfaktors angestellte allgemeine Überlegungen haben zu dem Ergebnis geführt, daß der Kostenumlegungsfaktor der Straßenbeleuchtung durch eine Änderung von Dauer und Größe der halbnächtigen Beleuchtung nicht nennenswert beeinflußt sein kann. Dies wird nun durch die zahlenmäßige Untersuchung in vollem Umfang bestätigt. Der Änderung der Tagesbenutzungsdauer entspricht eine im gleichen Sinn verlaufende Änderung der Jahresbenutzungsdauer mit folgender Wirkung: Der Kostenumlegungsfaktor erfährt bei Abschaltzeiten der halbnächtigen Beleuchtung zwischen 21 und 24 Uhr, und bei einer Größe der halbnächtigen Beleuchtung, die sich zwischen 0 und 150% bewegt, nur eine Änderung von 0,265 auf 0,245. Trotz dieser gewiß weit auseinandergehenden Annahmen macht diese Änderung nur ± 4% gegenüber dem Mittelwert von 0,255 aus. Der obere Wert des Kostenumlegungsfaktors gilt dabei für kleine Leistungen der halbnächtigen Beleuchtung und lange Brennzeiten, der untere Wert hingegen für eine entsprechend größere halbnächtige Beleuchtung und kürzere Brennzeiten. Für die praktische Rechnung kann also der Kostenumlegungsfaktor ohne weiteres als unveränderlich angesehen werden, da die festgestellten geringfügigen Abweichungen durchwegs wieder innerhalb der Genauigkeitsgrenzen liegen, die der Analyse der Belastungskurven und derartigen Kostenrechnungen gezogen sind. Für die Straßenbeleuchtung gilt demnach ebenfalls die Durchschnittskalkulation im engeren Sinn. Die obige Rechnung bildet zugleich ein Beispiel dafür, wie sehr derartige Untersuchungen durch die Einführung des »Kostenumlegungsfaktors« an Einfachheit und Übersichtlichkeit gewinnen.

Es ist bereits früher erwähnt worden, daß in den für die Straßenbeleuchtung angegebenen Durchschnittskosten noch keinerlei Anteile für Vorhaltung, Instandhaltung und Wartung der Laternen enthalten sind. Unter Berücksichtigung der Verzinsung und üblichen Abschreibung des Anlagekapitals für die Straßenbeleuchtungseinrichtungen hat sich in unserem Beispiel ein jährlicher Aufwand von etwa 48.— RM. je Laterne ergeben. Damit könnte also die Gaslieferung für die Straßenbeleuchtung im vorliegenden Fall zu den nachstehenden Bedingungen erfolgen:

Es wird erhoben:

| | |
|---|---|
| ein fester jährlicher Betrag . . . . | von 48.— RM./Laterne, |
| ein Verbrauchspreis . . . . . . . . . | von 6 Rpf./m³. |

Bei dem Gasverbrauch, der in unserem Beispiel auf eine Laterne entfällt, errechnen sich hieraus Durchschnittspreise in der Größenordnung von 14 bis 15 Rpf./m³. Dieser Betrag schließt also bereits die gesamten Kosten für die Vorhaltung und Bedienung der Straßenbeleuchtungsanlage in sich. Man erkennt jedenfalls, daß eine genaue Rechnung bei der Gasstraßenbeleuchtung zu verhältnismäßig günstigen Kosten und Lieferbedingungen führt, was vor allem darauf beruht, daß dann, wenn das Spitzenlastanteilverfahren der Kostenrechnung zugrunde gelegt wird, keine anteiligen Gasverteilungskosten zu berücksichtigen sind.

## 6. Die Raumheizung.

Für die Raumheizung ergaben sich in unserem Beispiel weitaus die niedrigsten Kosten. Der hiefür ermittelte Betrag von 2,9 Rpf./m³ (s. Zahlentafel 8) setzt sich lediglich aus den beweglichen Kosten der Gaserzeugung in Höhe von 2,0 Rpf./m³ und einem geringen Anteil an Vertriebskosten zusammen, die insoweit zu berücksichtigen waren, als die Heizgaslieferung über besondere Zähler erfolgt und demgemäß gesondert abgerechnet werden muß. Eine Umlegung von festen Kosten der Erzeugungs- und Verteilungsanlagen war in sinngemäßer Anwendung des Spitzenlastanteilverfahrens deshalb nicht vorzunehmen, weil die Heizgaslieferung in die winterliche Belastungssenke gefallen ist. Die Heizgaslieferung spielt also in unserem Beispiel, wie schon früher festgestellt worden war, kostenmäßig die gleiche Rolle wie etwa die Nachtbelastung in der Elektrizitätsversorgung.

Der vorerwähnte Betrag von 2,9 Rpf./m³ liegt wohl an der unteren Grenze der sich für die Heizgaslieferung ergebenden Kosten und erhöht sich in dem Maß, wie bei anders gearteten, für die Heizgaslieferung weniger günstigen allgemeinen Belastungsverhältnissen eine Berücksichtigung der festen Kosten der Gaserzeugung und -verteilung zu erfolgen hat. Dies ist aber immer dann notwendig, wenn etwa im Gegensatz zu dem vorliegenden Belastungsverlauf die Höchstbeanspruchung der Erzeugungs- und Verteilungsanlagen in die Wintermonate fällt.

In folgerichtiger Anwendung des Spitzenlastanteilverfahrens wäre es in unserem Beispiel an sich möglich, die Heizgaslieferung zu dem vorerwähnten, ungewöhnlich niedrigen Preis durchzuführen, wenigstens so lange, als im Winter in den Erzeugungs- und Verteilungsanlagen eine sogenannte »freie Leistung« zur Verfügung steht. Daß diese freie Leistung in unserem Beispiel nicht unbeträchtlich ist, lehrt ein Blick auf die Abb. 7, aus der ersichtlich ist, wie außerordentlich stark sich hier der Rückgang der Kochbelastung unter dem Einfluß der Witterung bemerkbar macht.

Bei dem engen Zusammenhang, der zwischen Küchenbeheizung und Kochgasabgabe besteht, liegen die Verhältnisse aber andererseits so, daß eine ausnehmend billige Heizgaslieferung eine entsprechende Kochgasabgabe nach sich zieht. Es ist deshalb sehr wohl der Fall denkbar, daß schon nach kurzer Zeit die winterliche Belastungssenke durch die Heizgaslieferung und den damit verknüpften erhöhten Kochgasbezug ausgefüllt sein kann. Ein weiteres Steigen der Belastung würde dann aber die Verhältnisse hinsichtlich der Kostengestaltung völlig umkehren und die Abnehmer, für die jetzt die niedrigsten Kostenbeträge ermittelt worden sind, müßten dann entsprechend den Grundsätzen des Spitzenlastverfahrens plötzlich am stärksten mit festen Erzeugungs- und Verteilungskosten belastet werden (46, 49). Da es nun selbstverständlich nicht angeht, den im vorstehenden ermittelten niedrigen Heizgaspreis nur einer begrenzten Anzahl von Abnehmern zu gewähren, dieser Preis vielmehr allen Abnehmern in gleicher Weise eingeräumt werden muß, ist bei der Tarifgestaltung für die Heizgaslieferung besondere Vorsicht geboten, um die schädlichen Rückwirkungen auszuschalten, die sich bei einer rein schematischen Anwendung des Spitzenlastanteilverfahrens ergeben könnten. Man muß sich eben stets über den Geltungsbereich und die Grenzen des gewählten Kostenermittelungsverfahrens im klaren sein.

Unter Beachtung der im vorstehenden geschilderten Zusammenhänge ist also die Heizgaskalkulation nicht nur auf den in unserem Beispiel gegebenen, günstigsten Belastungsfall zu beschränken; sie muß vielmehr, um sich vor unerwünschten Auswirkungen und Überraschungen zu schützen, auch noch für weniger vorteilhafte Abnahmeverhältnisse vorgenommen werden, also für den Fall, daß eine Umlegung von festen Kosten der Erzeugungsanlagen, gegebenenfalls auch noch der Verteilungsanlagen zu erfolgen hat.

Der Anteil der festen Kosten ist durch den Ausdruck $100 \frac{K_e}{24} \cdot \frac{t}{T}$ bestimmt, während die Umlegung der Verteilungskosten davon abhängt, ob und inwieweit die Heizgaslieferung in die Mittagsspitze fällt. Eine Entscheidung über die Beteiligung an den festen Kosten der Erzeugungs- und Verteilungsanlagen läßt sich also nur treffen, wenn der Belastungsverlauf der Heizgaslieferung und damit die Tagesbenutzungsdauer $t$ sowie die Jahresbenutzungsdauer $T$ für die verschiedenen in Frage kommenden Anwendungsmöglichkeiten der Gasraumheizung bekannt ist.

Die Fälle, in denen die Gasheizung mit Vorteil Anwendung finden kann, sind im folgenden aufgezählt, wobei diese Aufstellung keinen Anspruch auf Vollständigkeit erheben kann.

## Anwendungsgebiete der Gasheizung.

a) im Haushalt:

allgemeine Wohnungsbeheizung, und zwar
als Sammel- oder Einzelheizung,
Schlafzimmerbeheizung und
Badezimmerbeheizung;

b) im Gewerbe:

Bürobeheizung, und zwar

als Sammel- oder Einzelheizung,

Gaststättenbeheizung, und zwar

Gaststätten mit Tag- und Nachtbetrieb,
Gaststätten mit ausschließlichem Nachtbetrieb.
Beheizung von Nebenzimmern,
Beheizung von Sälen,

Werkstätten- und Fabrikraumbeheizung,

Sprech- und Wartezimmerbeheizung von Ärzten, Rechtsanwälten usw.;

c) sonstige Anwendungsmöglichkeiten der Gasheizung:

Kirchenbeheizung,
Schulenbeheizung,
Turnhallenbeheizung und
Garagenbeheizung.

In allen diesen Fällen ist nun zunächst einmal festzustellen, ob und inwieweit die benötigte Heizleistung in die mittägliche Hauptbelastungszeit fällt. Die Entscheidung dieser Frage ist im stärksten Maß von den jeweiligen Lebensgewohnheiten der Abnehmer und den Arbeitsbedingungen abhängig, die zufälligerweise in den einzelnen Versorgungsgebieten bestehen, insbesonders aber davon, ob die geteilte oder ungeteilte Arbeits- und Schulzeit eingeführt ist. Das erstere wird mehr in kleineren Städten, das letztere hingegen in den Großstädten üblich sein. Im vorliegenden Fall liegen die Verhältnisse für die Gasraumheizung insofern nicht ungünstig, als zwar die Arbeitszeit in den Fabriken ebenso wie die Schulzeit ungeteilt ist, die Arbeitszeit in den Werkstätten und Büros hingegen überwiegend geteilt ist. Damit ist die Möglichkeit gegeben, mit der Heizgasbelastung der mittäglichen Netzspitze einigermaßen auszuweichen.

Im nachfolgenden ist der Versuch gemacht worden, Benutzungszeiten für verschiedene typische Anwendungsgebiete der Gasraumheizung anzugeben so, wie dieselben, wenigstens für das uns als Beispiel dienende Versorgungsgebiet, ermittelt werden konnten. Diese aus der nachfolgenden Abb. 20 zu entnehmenden Angaben sollen zunächst nur einmal ungefähre Anhaltspunkte zur Entscheidung der Frage liefern, ob und inwieweit bei der Heizgaslieferung eine Umlegung von Verteilungskosten vorzunehmen sein wird. Derartige Ermittlungen werden im übrigen für jedes Versorgungsgebiet im besonderen anzustellen sein, denn die Heizgaslieferung ist nach Menge und Leistung nicht nur durch die vorerwähnten Lebensbedingungen und Arbeitszeiten, sondern ebensosehr durch die allgemeine Klimalage des betreffenden Versorgungsgebietes bestimmt.

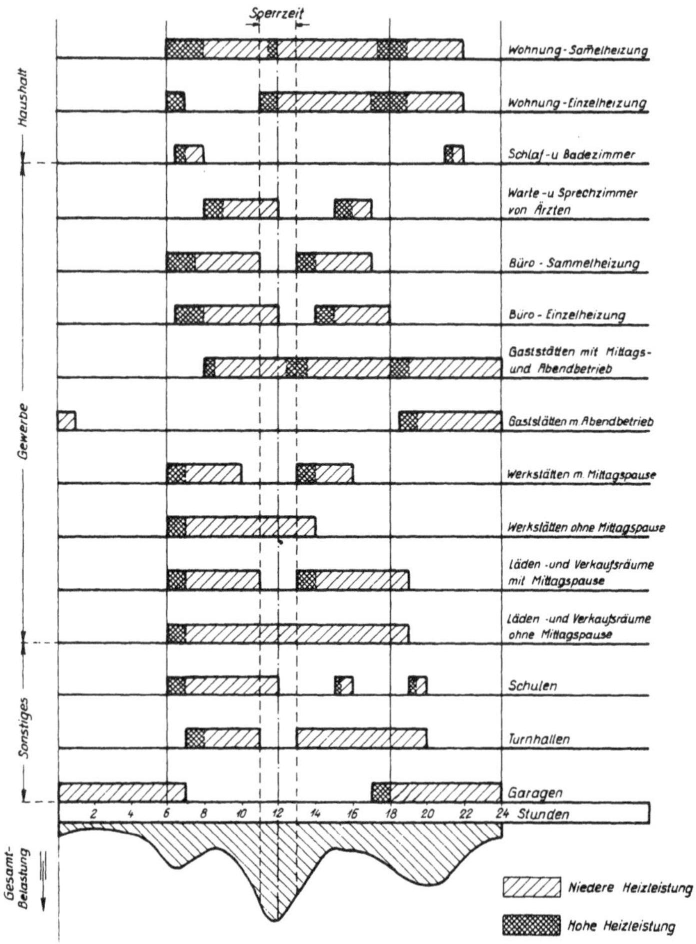


Abb. 20. Benutzungszeiten für die Heizgaslieferung (für einen Werktag).

Die in Abb. 20 gewählte Darstellungsweise entspricht, was vielleicht zu erwähnen ist, einer vor kurzem in der Zeitschrift »Elektrizitätswirtschaft« erschienenen Veröffentlichung über die elektrische Raumheizung (50). Im vorliegenden Fall sind jedoch noch die Zeiten des erhöhten Heizleistungsbedarfes, also im wesentlichen die Anheizzeiten, denen bei Beurteilung der Belastungsverhältnisse besondere Bedeutung zukommt, durch Schraffur besonders hervorgehoben worden. Ein Blick auf die Abb. 20 zeigt, daß die Zeiten des erhöhten Heizgasbedarfes im wesentlichen auf die Stunden von 6 bis 9 Uhr vormittags fallen. Bei den unserem Beispiel zugrunde liegenden Belastungsverhältnissen kann diese erhöhte, durch die Heizgaslieferung hervorgerufene Beanspruchung ohne weiteres bewältigt werden, da die Frühspitze weit hinter der mittäglichen Kochspitze zurückbleibt.

Da die Umlegung der Verteilungskosten, wie schon erwähnt, bei Benutzung des Spitzenlastanteilverfahrens allein davon abhängt, inwieweit die Heizgaslieferung mit der mittäglichen Kochspitze zusammentrifft, lassen sich die für die Heizgaslieferung im einzelnen in Frage kommenden Anwendungsgebiete in folgende drei Gruppen gliedern:

a) Von Verteilungskosten bleiben die folgenden Anwendungsgebiete der Gas-Raumheizung völlig frei, bei denen während der allgemeinen mittäglichen Hauptbelastung keinerlei Gasbedarf anfällt:

die Beheizung der Schlaf- und Badezimmer,
die Warte- und Sprechzimmerbeheizung, sofern nur nachmittags Sprechstunden abgehalten werden,
die Bürobeheizung bei geteilter Arbeitszeit,
die Beheizung von Gaststätten mit ausschließlichem Abend- und Nachtbetrieb,
die Werkstättenbeheizung bei geteilter Arbeitszeit,
die Laden- und Verkaufsraumbeheizung bei geteilter Arbeitszeit,
die Turnhallenbeheizung und schließlich
die Garagenbeheizung.

Dabei ist allerdings zu berücksichtigen, daß sich zu Zeiten besonders starken Frostes die Heizdauer für verschiedene dieser Anwendungsgebiete verlängern und dann auch über die mittägliche Hauptbelastungszeit erstrecken kann. Allerdings, die Anheizspitze wird bei den unter a) genannten Anwendungsgebieten wohl niemals mit der allgemeinen Mittagsspitze zusammenfallen. Zudem entsteht gerade bei starkem Frost ein gewisser Ausgleich wieder dadurch, daß dann an solchen Tagen der Kochgasbedarf unter der Auswirkung der Küchenbeheizung besonders rückläufig ist.

b) Eine geringe Belastung mit Verteilungskosten ergibt sich für folgende Anwendungsgebiete der Gasraumheizung, bei denen normalerweise ein gewisser Teil des Gasbedarfes in die mittägliche Hauptbeanspruchung fällt:

Warte- und Sprechzimmerbeheizung, sofern auch vormittags Sprechstunden abgehalten werden,
Bürobeheizung bei ungeteilter Arbeitszeit,
Werkstättenbeheizung bei ungeteilter Arbeitszeit,
Laden- und Verkaufsraumbeheizung bei ungeteilter Arbeitszeit,
die Beheizung von Schulen.

c) Am **ungünstigsten** liegen die Verhältnisse für solche Anwendungsgebiete der Gasheizung, bei denen die erhöhte Anheizleistung auf die schon am höchsten belasteten Mittagsstunden fällt. Es handelt sich hier vor allem um:

die Beheizung von Gaststätten mit Mittagsbetrieb,
die allgemeine Wohnungsbeheizung.

In der vorstehenden Reihenfolge sollte etwa in solchen Versorgungsgebieten, in denen sich der gesamte Belastungsablauf ähnlich wie in unserem Beispiel vollzieht, die Werbung für die Gasheizung erfolgen. Dabei zeigt sich, daß man sich dann, wenn dies die Netzverhältnisse erfordern, nur bei der Werbung für die allgemeine **Wohnungsbeheizung** etwas Zurückhaltung wird auferlegen müssen. Für den weitaus größten Teil der Anwendungsmöglichkeiten der Gasheizung liegen aber, vom Belastungsverlauf und der Kostenrechnung aus gesehen, recht günstige Verhältnisse vor, denn eine Umlegung von **Verteilungskosten** kommt dabei überhaupt nicht oder nur in geringem Maße in Frage. Anders verhält es sich mit den festen **Erzeugungskosten**, die, wie gesagt, mindestens dann mit zu berücksichtigen sind, wenn in den Wintermonaten freie Werksleistungen nicht zur Verfügung stehen. Um ein Urteil über die Größe der umzulegenden festen Erzeugungskosten zu gewinnen, ist es notwendig, sich über die in Frage kommenden Werte der Tages- und Jahresbenutzungsdauer der Heizgaslieferung Klarheit zu verschaffen. Zu diesem Zweck wurde für einige typische Anwendungsmöglichkeiten der Belastungsverlauf im einzelnen durch Messungen festgestellt, so wie dies aus Abb. 21 zu ersehen ist.

Allen diesen Heizgaskurven ist das eine gemeinsam, daß nach einer hohen, kurzdauernden Anheizspitze ein rascher Leistungsabfall erfolgt. Die Fortheizleistung macht, wie aus der Abbildung ersichtlich ist, normalerweise nur etwa 20 bis 30% der Anheizleistung aus. Die hohe Anheizspitze ist bei der Heizgaslieferung aber im allgemeinen unbedenklich, denn sie wird von den **Erzeugungsanlagen** durch den Speicher ferngehalten. Infolge der niedrigen Tagesbenutzungsdauer $t$, die sich aus der kurzen Anheizspitze ergibt, kann von der Speichermöglichkeit ausgiebig Gebrauch gemacht werden, weshalb die über 24 h beanspruchte Ofenleistung $N_0$ verhältnismäßig gering ist, wie das ebenfalls aus Abb. 21 hervorgeht. Auch auf die **Verteilungsanlagen** ist die Anheizspitze, von den in die mittägliche Hauptbelastung fallenden wenigen Ausnahmen abgesehen, ohne nachteilige Rückwirkung, und zwar deshalb, weil sie fast ausschließlich in die Zeiten schwacher Allgemeinbelastung fällt.

Die Abb. 21 läßt weiterhin erkennen, daß zwischen Arbeitszeit und Heizzeit in der Regel ein gewisser zeitlicher Unterschied, eine Art »**Phasenverschiebung**« besteht, die in unserem Beispiel etwa ½ bis

$1\frac{1}{2}$ h ausmacht und von besonderem Vorteil für den Belastungsablauf während der Mittagsstunden sein kann.

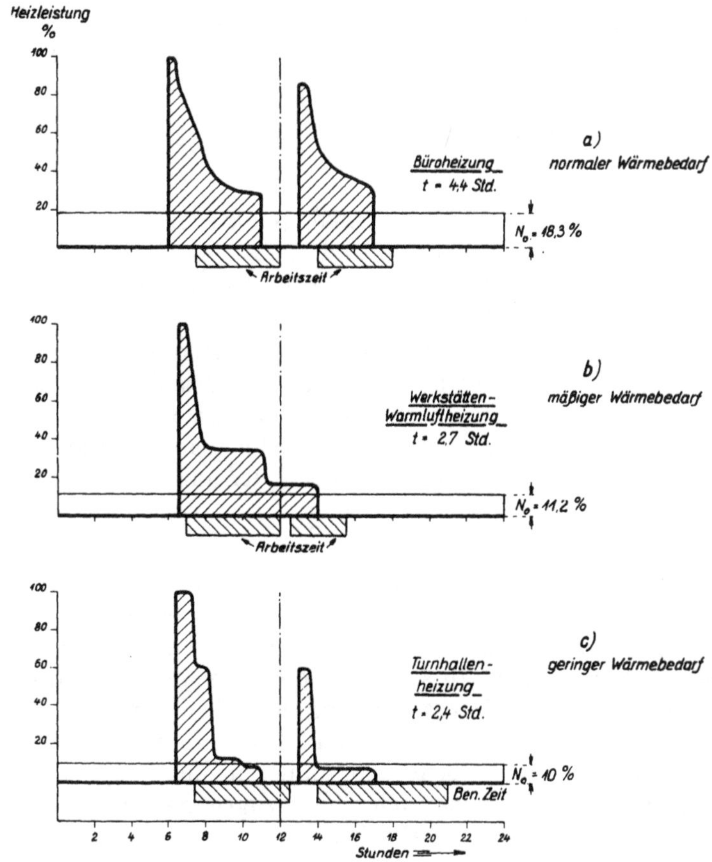


Abb. 21. Belastungsverlauf der Heizgaslieferung für verschiedene Anwendungsgebiete.

Die Jahres- und Tagesbenutzungsdauern der Gasheizung sind, wie schon erwähnt, klima- und witterungsbedingt. Im vorliegenden Fall liegen die Verhältnisse für die Gasheizung insofern nicht ungünstig, als mit einer verhältnismäßig langen Heizdauer zu rechnen ist, die im vieljährigen Mittel nicht weniger als 212 Tage beträgt. Daraus ergeben sich dann verhältnismäßig gute Werte für die Jahresbenutzungsdauer $T$, die sich etwa zwischen 900 und 1200 h bewegt. Zur Feststellung der üblichen Tagesbenutzungsdauer $t$ wurden drei typische Anwendungsgebiete der Gasheizung herausgegriffen, nämlich eine Heizungsanlage mit normalem Wärmebedarf den ganzen Tag über, wie er sich etwa für eine Büroheizung ergibt, dann eine Heizungsanlage mit mäßigem Wärmebedarf, wie er bei Werkstätten und Fabriksälen besteht, und schließlich eine Heizungsanlage mit geringem Wärmebedarf so, wie das beispielsweise bei Turnhallen der Fall ist. Aus dem Ablauf der Tagesbelastung sind für diese drei Anwendungsgebiete folgende Werte der Tagesbenutzungsdauer $t$ festgestellt worden:

im Fall 1 . . . . . . . . . . 4,4 h,
im Fall 2 . . . . . . . . . . 2,7 h,
im Fall 3 . . . . . . . . . . 2,4 h.

Nachdem nunmehr gewisse Anhaltspunkte für die Jahres- und Tagesbenutzungsdauer vorhanden sind, lassen sich die Heizgaskosten unter Berücksichtigung der Anteile an festen Kosten für die Erzeugungs- und Verteilungsanlagen überschlägig ermitteln.

Die günstigsten Verhältnisse für die Gestaltung der Heizgaskosten liegen, wie schon erwähnt, in unserem Beispiel vor, da hier infolge der winterlichen Belastungssenke zunächst nur die beweglichen Kosten der Gaserzeugung und geringe Anteile an Vertriebskosten zu berücksichtigen waren. Dadurch ergab sich der außerordentlich niedrige Kostenbetrag von

$$\underline{2{,}9 \text{ Rpf./m}^3.}$$

Der Regelfall wird wohl der sein, daß neben den beweglichen Kosten mindestens noch ein gewisser Anteil an festen Kosten der Gaserzeugungsanlagen eingerechnet werden muß, um sich vor den unliebsamen Rückwirkungen zu schützen, die etwa aus einer zu niedrigen Preisfestsetzung für die Heizgaslieferung entstehen könnten. Legt man der Kostenermittlung eine durchschnittliche Jahresbenutzungsdauer von 1000 h und eine Tagesbenutzungsdauer in den Tagen der Werkshöchstbeanspruchung von vielleicht 4,5 h zugrunde, so berechnen sich hieraus auf Grund der früher abgeleiteten Kostengleichung die Erzeugungskosten für die Heizgaslieferung wie folgt:

$$k = 100 \frac{K_e}{24} \cdot \frac{t}{T} + k_b.$$

Damit wird dann

$$k = 100 \cdot \frac{310}{24} \cdot \frac{4{,}5}{1000} + 2{,}0 = \underline{7{,}81 \text{ Rpf./m}^3.}$$

Zu diesem Betrag kommen unter Umständen noch gewisse Anteile der Vertriebskosten. In der Regel werden dieselben aber wohl zu vernachlässigen sein, denn eine besondere Messung und Verrechnung der Heizgaslieferung sollte nur bei größeren Heizungsanlagen erfolgen. Dort handelt es sich aber dann um solche Gasmengen, daß der Anteil der Vertriebskosten keine Rolle mehr spielt. Bei kleinen Gasheizungsanlagen hingegen empfiehlt es sich, zum Zweck der Kostenersparnis auf die getrennte Messung und Verrechnung zu verzichten.

Der ungünstigste Fall wäre schließlich dann gegeben, wenn neben den Anteilen der festen Erzeugungskosten auch noch die Umlegung von Verteilungskosten berücksichtigt werden müßte. Bei den für verschiedene Anwendungsgebiete der Gasheizung festgestellten Betriebszeiten kann angenommen werden, daß insgesamt vielleicht 20% der Gruppenspitze in die mittägliche Hauptbelastungszeit entfallen. Die Benutzungsdauer des Spitzenlastanteiles beläuft sich damit auf $\frac{1000}{0,2} = 5000$ h, so daß die umzulegenden Verteilungskosten $100 \cdot \frac{132}{5000} = 2,64$ Rpf./m³ ausmachen. Die gesamten Heizgaskosten berechnen sich damit ungünstigstenfalls auf $7,81 + 2,64 = \underline{10,45 \text{ Rpf./m}^3}$.

Durch die vorstehende Untersuchung sind also die Kosten für die Heizgaslieferung durch zwei Werte eingegrenzt, nämlich nach unten durch den Betrag von 2,9 Rpf./m³ und nach oben durch den Wert von 10,45 Rpf./m³, während für den Regelfall sich der dazwischen liegende Betrag von 7,81 Rpf./m³ ergeben hat, der wohl mit Recht auch der Preisbildung zugrunde gelegt werden kann. Bei den für die Heizgaslieferung besonders günstig gelagerten Verhältnissen unseres Beispiels lassen sich aber auch in Sonderfällen wohl noch Preise vertreten, die unter 8 Rpf./m³ liegen.

Dort, wo dies die Inanspruchnahme der Verteilungsanlagen notwendig machen sollte, könnte überdies die größtenteils schon durch die einzelnen Anwendungsgebiete der Heizgaslieferung von vornherein gegebene Vermeidung der mittäglichen Hauptbelastung noch weiter durch Einführung eines Doppeltarifes gesichert werden. Ein derartiger Doppeltarif würde im vorliegenden Fall etwa folgendermaßen lauten:

Der Heizgaspreis beträgt

in der Zeit von 11 bis 13 Uhr . . . 10 Rpf./m³,
während der übrigen Zeit . . . . . . 6 Rpf./m³.

Eine solche Preisfestsetzung wird praktisch wohl kaum zu einer nennenswerten Beschränkung in den Anwendungsmöglichkeiten der Gasraumheizung führen, denn jeder Abnehmer hat es in der Hand, durch eine vorherige kurzzeitige Aufheizung die Hochtarif- bzw. Sperrzeit von 11 bis 13 Uhr zu überbrücken. Energiewirtschaftlich gesehen bedeutet ein derartiges Vorgehen nichts anderes als wiederum die Ausnutzung einer Speichermöglichkeit, wobei diesmal nur nicht der Energieträger Gas selbst, sondern die daraus gewonnene Wärme in den beheizten Räumen für die Zeiten der höchsten Werksbeanspruchung aufgespeichert wird.

Die Heizgaslieferung stellt schließlich geradezu ein Schulbeispiel dafür dar, daß Kostenrechnungen, die lediglich auf örtlichen Erzeugungs- und Absatzbedingungen beruhen, zu außerordentlich verschiedenen Preisen führen können. Steht etwa dem einen Werk in den Wintermonaten genügend freie Leistung zur Verfügung, so ist es möglich, das Heizgas zu sehr niedrigen Preisen abzugeben, während hingegen ein anderes Werk, dessen Belastungsverlauf das ganze Jahr über einigermaßen ausgeglichen ist oder in den Wintermonaten vielleicht sogar eine Erhöhung aufweist, keinerlei Preisvergünstigungen zu bieten vermag. Zu der wünschenswerten weiteren Vereinheitlichung der Verkaufsbedingungen wird in solchen Fällen die Ferngasversorgung beitragen können, die als verbindendes Glied die bisher noch bestehenden Erzeugungs- und Preisinseln zusammenschließt und damit die notwendige Annäherung der Gestehungskosten bewirkt.

# C. Zusammenfassung.

Soweit die erhaltenen Ergebnisse von allgemeinerer Gültigkeit und Bedeutung erscheinen, sind sie der Übersichtlichkeit halber im folgenden nochmals zusammengefaßt worden.

## I. Das Spitzenlastverfahren als Grundlage der Kostenrechnung.

1. Die Aufstellung kostenechter Tarife setzt eine möglichst gerechte Verteilung der festen Kosten auf die einzelnen Abnehmergruppen voraus. Das Spitzenlastanteilverfahren stellt ein in der Elektrizitätswirtschaft gebräuchliches und auch für die Gasversorgung geeignetes Hilfsmittel zur Umlegung der festen Kosten dar.
2. Die Anwendung des Spitzenlastanteilverfahrens führt zur Kalkulation der Gruppenkosten unter gleichzeitiger Bezugnahme auf den Ausnutzungsgrad der Anlagen, also auf die Benutzungsdauer.

## II. Die Analyse der Belastungskurven als Ausgangspunkt für das Spitzenlastanteilverfahren.

Die Analyse der Belastungskurven läßt sich für die Gasversorgung in gleicher Weise wie für die Elektrizitätsversorgung durchführen.

1. Es empfiehlt sich, der aufzugliedernden Gesamtbelastungskurve nicht die stündlichen, sondern die viertelstündlichen Durchschnittswerte der Leistung zugrunde zu legen, da die Unterschiede zwischen diesen beiden Bezugsgrößen beträchtlich sein können.
2. Ausschlaggebend für den Belastungsablauf wird bei den meisten Werken die Kochgasabgabe sein. Sie führt zur Ausbildung einer mittäglichen Belastungsspitze, der in der Gasverteilung eine ähnliche Bedeutung zukommt wie der Lichtspitze in der Elektrizitätsversorgung.
3. Der sich bei der Kochgasabgabe unter der Auswirkung des Gleichzeitigkeitsfaktors einstellende Belastungsausgleich ist weit größer als man zunächst annehmen möchte und führt zu verhältnismäßig

niedrigen Werten des Leistungsbedarfes je Haushalt, die sich mit den aus der Elektrizitätswirtschaft bekanntgewordenen Angaben in Vergleich setzen lassen.

## III. Die Kostenbestandteile und ihre Berücksichtigung in der Kostenrechnung.

Die Kostenbestandteile der Gasversorgung umfassen wie in der Elektrizitätsversorgung die leistungsabhängigen Erzeugungs- und Verteilungskosten, die abnehmerabhängigen und die beweglichen Kosten.

### 1. Die Erzeugungskosten.

a) Die Erzeugungskosten bestehen aus zwei verschieden zu behandelnden Teilen, nämlich den sogenannten Ofenkosten und den Speicherkosten.

b) Die spezifischen Erzeugungskosten erreichen verhältnismäßig hohe Beträge, deren Auswirkung auf die Kostengestaltung aber durch die Speichermöglichkeit weitgehend gemildert wird.

c) Da die Ofenkosten den weitaus größten Teil der gesamten Erzeugungskosten ausmachen, genügt es im allgemeinen, die festen Erzeugungskosten als Einheit zu betrachten, auf eine gesonderte Analyse der Speicherbeanspruchung zu verzichten und die Speicherkosten nach dem für die Ofenkosten geltenden Schlüssel auf die einzelnen Abnehmergruppen umzulegen.

d) Entgegen der bisherigen Ansicht führt die Speichermöglichkeit bei der Gaserzeugung nicht zur allgemeinen Durchschnittskalkulation. Für die Umlegung der festen Erzeugungskosten ist vielmehr maßgebend und für jede Abnehmergruppe gesondert zu ermitteln:

entweder der sogenannte Kostenumlegungsfaktor als das Verhältnis von Tages- zu Jahresbenutzungsdauer

oder der Tagesbelastungsfaktor zur Zeit der höchsten Beanspruchung der Werksanlagen.

Kann der Kostenumlegungsfaktor als festliegend angesehen werden, so gilt die Durchschnittskalkulation und der für jede Abnehmergruppe ermittelte Anteil an den festen Erzeugungskosten ist als unveränderlich zu betrachten. Dies ist der Fall beim Gewerbe, den Großabnehmern, der Straßenbeleuchtung, der Raumheizung und für den Haushalt insoweit, als die Heißwasserbereitung in Frage kommt.

Erweist sich dagegen der Tagesbelastungsfaktor als einigermaßen unveränderlich, so ist die Durchschnittskalkulation nicht mehr anwendbar. Die mit dem Tagesbelastungsfaktor multiplizierten festen Erzeugungskosten folgen in diesem Fall unmittelbar den entsprechenden, für die Umlegung der festen Kosten in der Elektrizitätswirtschaft geltenden Gesetzen. Der Anteil der festen Erzeugungskosten an den Durchschnittskosten ist deshalb der Benutzungsdauer umgekehrt proportional. Dies gilt für den überwiegenden Teil der Haushaltbelastung, nämlich für das Kochen.

e) Die Kochgasabgabe steht im engsten Zusammenhang mit der Frage der Küchenbeheizung. Der Rückgang der Kochgasabgabe im Winter kann über Erwarten große Beträge erreichen und dazu führen, daß in den Wintermonaten sogenannte »freie Leistungen« zur Verfügung stehen. In solchen Fällen ist dann die Gasabgabe für die Zwecke der Raumheizung unter besonders günstigen Bedingungen möglich.

### 2. Die Verteilungskosten.

a) Entsprechend den Grundsätzen des Spitzenlastanteilverfahrens können sich bestimmte Abnehmergruppen oder einzelne Abnehmer von den Verteilungskosten dadurch frei machen, daß sie die mittägliche Hauptbelastungszeit der Leitungsanlagen vermeiden. Dies wird erleichtert durch Zuhilfenahme der örtlichen Speicherung, also durch Aufstellung eines der Bezirks- bzw. Einzelversorgung dienenden Hoch- oder Niederdruckspeichers.

b) Die Vermeidung der Mittagspitze und ihre Überbrückung mit Hilfe von Zwischenspeichern kann durch Anwendung des Doppeltarifes gefördert werden.

### 3. Die Vertriebskosten.

a) Bei der Belieferung der Kleinabnehmer, insbesondere der Haushaltabnehmer, fällt der Anteil der Vertriebskosten stark ins Gewicht, sodaß nicht nur auf eine Senkung der Verteilungskosten, sondern auch auf eine Minderung der Vertriebskosten gesehen werden sollte.

b) Hiefür stehen 3 Mittel zur Verfügung:

die Vereinfachung und Verbilligung der Zähleranlagen unter Anwendung neuzeitlicher Tarifformen derart, daß für jede Energieart und jeden Abnehmer möglichst nur ein einziger Zähler benötigt wird,

die möglichste Vereinfachung und zweckmäßigste Organisation des gesamten Verrechnungsgeschäftes,

die Zusammenfassung der Gas-, Wasser- und Stromverrechnung zum Zweck einer möglichst weitgehenden Kostenersparnis.

## IV. Die Kostenermittelung und Tarifgestaltung für die einzelnen Abnehmergruppen.

Die Analyse der Kosten liefert die Bausteine für die Tarife.

1. Die Kostengleichungen für die Gasversorgung weisen grundsätzlich denselben Aufbau wie die entsprechenden Beziehungen in der Elektrizitätswirtschaft auf. Sie setzen sich aus zwei Gliedern zusammen, von denen das erste den Anteil der festen Kosten enthält und umgekehrt proportional der Benutzungsdauer ist, während das zweite Glied, die beweglichen Kosten, in Abhängigkeit von der gelieferten Energiemenge steht.

2. Die Kostengleichungen dienen zur Nachkalkulation, also zur Überprüfung eines bestehenden Zustandes, insbesondere aber zur Vorkalkulation, nämlich zur Erfassung künftiger, erweiterter und geänderter Absatzverhältnisse. Für die einzelnen Abnehmergruppen ergibt sich dabei folgendes:

   a) Der Haushalt. Während die festen Kosten der Gaslieferung, von den Vertriebskosten abgesehen, sich auf eine Leistungsgröße beziehen, sind die Haushalttarife demgegenüber nach allgemein gültigen Grundsätzen auf die Wohnungsgröße, ausgedrückt durch die Zimmerzahl, abzustellen. Zwischen diesen beiden verschiedenen Bezugsgrößen läßt sich die notwendige Verbindung herstellen.

   Die Gaslieferung zum Zwecke der Heißwasserbereitung trägt nicht so sehr zu einer Erhöhung des Leistungsbedarfes, als vielmehr zu einer Verbreiterung der Belastungskurve bei, woraus folgt, daß die Gasabgabe für diesen Zweck zu erheblich günstigeren Preisen als die Kochgaslieferung erfolgen kann.

   Von den verschiedenen Tarifformen entsprechen den Bedürfnissen der Abnehmer wie den Erfordernissen der Kostenrechnung am besten die Grundpreis- und Regelverbrauchtarife. Da bei richtigem Aufbau diese beiden Tarifformen die gleichen Durchschnittspreise ergeben, können Meinungsverschiedenheiten über die bessere Eignung der einen oder anderen Tarifform wohl nur auf werbepsychologische Gründe zurückgehen.

   Die Tarifkurven sind in der Regel durch gegenseitige Änderung der festen und beweglichen Kostenbestandteile gegenüber den Kostenkurven gedreht mit der Wirkung, daß die Durchschnittspreise bei kleinen Abnahmen unter und bei größeren Abnahmen über den entsprechenden Kosten liegen. Die Drehung der Tarifkurven gegenüber den Kostenkurven bildet zugleich einen Maßstab für die sozialen Gesichtspunkte, die bei der Tarifaufstellung mitberücksichtigt worden sind.

Der Vergleich zwischen Tarif- und Kostenkurven läßt zahlenmäßig zu dem Problem der Verlustkunden Stellung nehmen.

b) Das Gewerbe. Da für das Gewerbe hinsichtlich der Erzeugungskosten die Durchschnittskalkulation möglich ist und die Anteile der Vertriebskosten zurücktreten, sind die gewerblichen Gaskosten nicht in dem Maß mengen- bzw. benutzungsdauerempfindlich wie die Haushaltgaskosten.

Bei Festlegung der Tarifbestandteile für das Gewerbe ist zu berücksichtigen, daß neben sämtlichen Anwendungsgebieten der gewerblichen Gasabgabe auch die Heizgaslieferung erschlossen werden sollte.

Die Tarifkurve wird beim Gewerbe in ähnlicher Weise wie beim Haushalt gegenüber der Kostenkurve zu verdrehen sein, um ein zu starkes Anwachsen der Durchschnittspreise bei kleinen Bezügen zu verhindern.

c) Die Großabnehmer. Bei der Belieferung der Großabnehmer rücken ähnlich wie in der Elektrizitätswirtschaft die Erzeugungskosten in den Vordergrund, während die anteiligen Vertriebskosten zu vernachlässigen sind.

Da die zur Verfügung stehende Spanne zwischen Wertschätzung und Kosten in der Regel um so geringer wird, je größer die abzunehmenden Energiemengen sind, können sich bei der Belieferung der Großabnehmer besondere Maßnahmen zum Zwecke der Kosten- und Preissenkung als notwendig erweisen. Hierfür kommen in Betracht:

- die Kosten und Preisermittlung für den Einzelfall,
- die Vermeidung von Verteilungskosten durch Ausnutzung der örtlichen Speicherung,
- die Verringerung der üblichen Ertragsspanne und schließlich der Zusammenschluß mit der Ferngasversorgung.

d) Die Straßenbeleuchtung. Für die Straßenbeleuchtung liegen die Kosten und Preisverhältnisse günstig, weil Verteilungs- und Vertriebskosten hier nicht zu berücksichtigen sind.

Die Benutzungsdauer der Straßenbeleuchtung ist beeinflußbar durch Größe und Brenndauer der halbnächtigen Beleuchtung. Da sich aber Tages- und Jahresbenutzungsdauer etwa im gleichen Maße ändern, gilt für die Erzeugungskosten die Durchschnittskalkulation.

Die Straßenbeleuchtung ist im übrigen, wie die Analyse des Speicherbedarfes gezeigt hat, die einzige Abnehmergruppe, die bei den gegebenen Belastungsverhältnissen zu einer Verkleinerung des insgesamt benötigten Speicherraumes beiträgt.

c) Die Raumheizung. Bei der Preisfestsetzung für die Heizgaslieferung sind im besonderen die Grenzen zu beachten, die der Anwendbarkeit des Spitzenlastanteilverfahrens gezogen sind. Die Preisberechnung für die Heizgaslieferung wird für folgende drei Fälle vorzunehmen sein:

| | |
|---|---|
| günstigster Fall: | Es kommen nur die beweglichen Kosten der Gaserzeugung in Betracht. |
| Regelfall: | Außer den beweglichen Kosten sind auch die Anteile der festen Erzeugungskosten bei der Preisgestaltung mit zu berücksichtigen. |
| ungünstigster Fall: | Außer den gesamten Erzeugungskosten sind auch anteilige Verteilungskosten mit einzurechnen. |

Die Werbung für die verschiedenen Anwendungsmöglichkeiten der Gasraumheizung sollte sich dort, wo auf die Beanspruchung der Verteilungsanlagen Rücksicht zu nehmen ist, nach dem Belastungsverlauf richten, wobei die Anwendungsgebiete zu bevorzugen sind, bei denen während der mittäglichen Hauptbelastungszeit keine Anheizleistung benötigt wird.

Die mittägliche Hauptbelastungszeit läßt sich bis zu einem gewissen Grad durch Zuhilfenahme der mittelbaren Speicherung, nämlich durch Ausnutzung des Wärmespeichervermögens der zu beheizenden Räume, vermeiden und überbrücken.

Abschließend läßt sich jedenfalls feststellen:

Die Preisdifferenzierung bei der Gaslieferung entspricht ähnlich wie diejenige für Strom der Wertschätzung und damit einer äußeren Notwendigkeit. Sie findet aber auch ihre innere Begründung durch die Kostenrechnung.

Zwischen der Kostenrechnung und einer Tarifgestaltung, die je nach Anwendungsgebiet und Benutzungsdauer zu sehr verschiedenen Preisen führt. läßt sich der notwendige Zusammenhang herstellen. Damit ist dann auch gleichzeitig der Nachweis dafür erbracht, daß die Forderung nach abnehmerorientierten und kostenechten Tarifen in Übereinstimmung steht.

Wenn die vorstehenden Ausführungen dazu beitragen sollten, daß in der Kostenrechnung der Gasversorgung neben der mengenmäßigen Betrachtung in Zukunft mehr als bisher die Bezugnahme auf Leistung und Benutzungsdauer erfolgt, dann seien schließlich noch einige Anregungen und Hinweise gegeben, die vielleicht geeignet sind, die in diesem Fall durchzuführenden Untersuchungen zu vereinfachen und zu erleichtern:

1. Es erscheint zunächst wohl zweckmäßig, wenn auch das Gasfach für den Leistungsbegriff, ausgedrückt in $m^3/h$, eine einfache Bezeichnung einführen würde so, wie dies in der Elektrotechnik der Fall ist.
2. Die Bezugnahme auf Leistung und Benutzungsdauer wird es erforderlich machen, auch entsprechende Leistungsmessungen durchzuführen. Hierfür werden einfache und nicht zu teuere schreibende Meßgeräte benötigt, die etwa den Registrierwattmetern in der Elektrotechnik zu entsprechen hätten. Solche Meßgeräte lassen sich bekanntlich, mindestens soweit die Feststellung einer Durchschnittsleistung über einen gewissen Zeitabschnitt in Frage kommt, unmittelbar aus den gebräuchlichen Zählern ableiten.
3. Der weitere Ausbau der Gastarife könnte in bestimmten Fällen — insbesondere bei der Belieferung der Großabnehmer oder bei der Heizgasabgabe — die Einführung von Maximum- oder Doppeltarifen notwendig machen in ähnlicher Weise, wie dies in der Elektrizitätswirtschaft gebräuchlich ist. Auch hierfür wären dann entsprechende Meßeinrichtungen (Maximum- und Doppeltarifzähler) bereitzustellen, die sich ohne Schwierigkeiten aus den vorhandenen Geräten entwickeln lassen.
4. Es wäre schließlich zu begrüßen, wenn auch aus anderen Versorgungsgebieten die Ergebnisse ähnlicher Untersuchungen bekannt würden, wie sie im vorliegenden Fall durchgeführt worden sind. Um so eher wird es sich dann zeigen, welchen von den ermittelten Zahlenwerten eine allgemeinere Gültigkeit zukommt.

Damit werden sich dann auch, wie dies in der Elektrizitätswirtschaft bereits der Fall ist, für die spezifischen Kosten, die Spitzenlastanteile, die Benutzungsdauern der einzelnen Abnehmergruppen usw. gewisse Kennziffern und Richtwerte herausbilden, die nicht nur ein geeignetes Hilfsmittel zur Durchführung von Betriebsvergleichen darstellen, sondern auch rasch und einfach die jeweils bestehenden Absatzverhältnisse überblicken und beurteilen lassen. Je mehr derartige Kennziffern zur Verfügung stehen, um so sicherer und zuverlässiger werden dann auch die Grundlagen für den weiteren Umbau und die künftige Ausgestaltung der Gastarife sein.

# Schrifttum.


1. Nimsch, G., Der gegenwärtige Stand des Wettbewerbes zwischen Elektrizität und Gas. Würzburg 1935, S. 15.
2. Bericht der Tarifkommission der IVGI. Gas- und Wasserfach 80 (1937), S. 472.
3. Jansen, B., Über die Bildung von Elektrizitätstarifen. Elektrizitätswirtsch., Sonderdruck Nr. 242 (1934).
4. van Aubel, P., Kommunales Prüfungswesen, 2. Teil. Berlin 1936, S. 150.
5. Krecke, C., Die Energiewirtschaft der Welt. Berlin 1937, S. 108.
6. Eisenmenger, H. E., ETZ 37 (1916), S. 662.
7. Rückwardt, H., Die schematisierte Selbstkostenberechnung der Berliner Städtischen Elektrizitätswerke. ETZ 48 (1927), S. 489.
8. Schneider, R., Die Verfahren für die Verteilung der festen Kosten in der elektrischen Energiewirtschaft. ETZ 53 (1932), S. 5 u. 33.
9. Schneider, R., Elektrische Energiewirtschaft. Berlin 1936, S. 246.
10. Siegel, G. und Nissel, H., Die Elektrizitätstarife. Berlin 1935, S. 84.
11. Schneider, R., Elektrische Energiewirtschaft. Berlin 1936, S. 307.
12. Werner, E., Verfahren der Selbstkostenrechnung. Elektrizitätswirtsch. 36 (1937), S. 750.
13. Schneider, R., Analyse und Synthese von Belastungskurven als Hilfsmittel für wirtschaftliche Untersuchungen. ETZ 50 (1929), S. 384.
14. Tautenhahn, R., Kochen mit Elektrizität oder Gas. München und Berlin 1933, S. 6.
15. Nübling, R., Gas und Elektrizität. Gas- und Wasserfach 74 (1931), S. 699.
16. Tautenhahn, R., Kochen mit Elektrizität oder Gas. München und Berlin 1933, S. 96.
17. Wenger, Das Problem des Gasverlustes. Gas- und Wasserfach 68 (1925), S. 177.
18. van Aubel, P., Kommunales Prüfungswesen, 2. Teil. Berlin 1936, S. 215.
19. Anderson, G. W., Erfahrungen mit der Gastrocknung in England. Gas- und Wasserfach 78 (1935), S. 831.
20. Drobek, W., Der Gastarif, seine Voraussetzungen und Formen. Würzburg 1936, S. 59.
21. Kalender für das Gas- und Wasserfach 55, 2. Teil (1932), S. 445.
22. Schneider, R., Analyse und Synthese von Belastungskurven als Hilfsmittel für wirtschaftliche Untersuchungen. ETZ 50 (1929), S. 337.
23. Schneider, R., Elektrische Energiewirtschaft. Berlin 1936, S. 270.
24. Windel, W., und Wendhut, W., Die Analyse eines Belastungsgebirges durch Messungen. Kommun. Elektr.-Werk 2 (1930), S. 295.
25. Schneider, R., Analyse und Synthese von Belastungskurven als Hilfsmittel für wirtschaftliche Untersuchungen. ETZ 50 (1929), S. 385.
26. Müller, H., Gasküche oder Elektroküche in Berlin. Gas- und Wasserfach 79 (1936), S. 524.
27. Schräder, Fr., Gaswärme oder Elektrowärme im Haushalt. Zeitschrift für öffentliche Wirtschaft 3 (1936), S. 123.
28. Tautenhahn, R., Kochen mit Elektrizität oder Gas. München und Berlin 1933, S. 105.

29. Raiß, W., Der Energieverbrauch beim Kochen auf gas- und strombeheizten Herden. Z. VDI 78 (1934), S. 880.
30. Mörtzsch, Fr., Bemessung und Einrichtung elektrischer Anlagen in Wohnhausvierteln unter Berücksichtigung des elektrischen Kochens. ETZ 52 (1931), S. 962.
31. Sonderheft Fortschritte in der Elektrifizierung des Haushalts. Verhandlungsbericht der Fachtagung der VDEW, Berlin 1931, S. 79.
32. Thiemens, J., Einfluß der Elektrowärme im Haushalt auf Belastungsverhältnisse und Wirtschaftlichkeit des Elektrizitätswerkes. ETZ 55 (1934), S. 441.
33. Raiß, W., Der Energieverbrauch beim Kochen auf gas- und strombeheizten Herden. Z. VDI 78 (1934), S. 881.
34. Drobek, W., Der Gastarif, seine Voraussetzungen und Formen. Würzburg 1936, S. 65.
35. Mezger, R., Moderne Kokereiöfen als Gaserzeuger in Großgaswerken; Verwendungsgebiet und wirtschaftliche Grundlagen. Gas- und Wasserfach 72 (1929), S. 1225.
36. Biel, R., Die wirtschaftlich günstigsten Rohrweiten. München und Berlin 1930, S. 13.
37. Nimsch, G., Der gegenwärtige Stand des Wettbewerbes zwischen Elektrizität und Gas. Würzburg 1935, S. 80 u. 84.
38. Werner, E., Verfahren der Selbstkostenrechnung. Elektrizitätswirtsch. 36 (1937), S. 753.
39. Vogt, H., Gasabsatz und Küchenheizung. Gas- und Wasserfach 79 (1936), S. 65.
40. Schäfer, A., Einrichtung und Betrieb eines Gaswerkes. 4. Aufl. München und Berlin 1929, S. 613.
41. Bunte, K. und Brückner, H., Richtlinien für die Größengestaltung der Gaswerkseinrichtungen. Gas- und Wasserfach 81 (1938), S. 43.
42. Werner, E., Verfahren der Selbstkostenrechnung. Elektrizitätswirtsch. 36 (1937), S. 750.
43. Vogt, H., Der Einfluß der Lebensbedingungen auf den Energieverbrauch im Haushalt. Elektrizitätswirtsch. 36 (1937), S. 603.
44. Raiß, W., Der Energieverbrauch beim Kochen auf gas- und strombeheizten Herden. Z. VDI 78 (1934), S. 881.
45. Müller, H. und Vogt, H., Deutsche Energiewirtschaft. Berlin 1936, S. 255.
46. Schräder, Fr., Tarifpolitik der Elektrizitätswerke. Elektrizitätswirtsch. 28 (1929), S. 118.
47. Schneider, R., Elektrische Energiewirtschaft. Berlin 1936, S. 248.
48. zur Nedden, F., Die Energiewirtschaft der Welt. Berlin 1936, S. 128.
49. Hauck, Die Netzbelastung und der Einfluß der Tarife auf Wirtschaftlichkeit und Investierung. Zeitschrift für öffentliche Wirtschaft 5 (1938), S. 14.
50. Mertens, K., Belastungszeiten elektrischer Raumheizungsanlagen. Elektrizitätswirtsch. 37 (1938), S. 13.

# Sachverzeichnis.

**H**



**I**



**K**



**L**



**M**



**N**

W



Z

| Lfd. Nr. | Abnehmergruppen | Gegebene Werte | | | | |
|---|---|---|---|---|---|---|
| | | Jährlicher Gasbezug jeder Abnehmergruppe | Jährlicher Gasbedarf unter Berücksichtigung des Wirkungsgrades | Tagesbedarf am Tag des Maximums (Erzeugung) | Inanspruchnahme des Speicherinhaltes am Tag des Maximums | Gru sp am T Höc |
| | Formelzeichen | — | — | — | $\pm V_{sp}$ [1] | N |
| | Dimension | m³/Jahr | m³/Jahr | m³/Tag | m³ | m |
| | Spalten-Nr. | 1 | 2 | 3 | 4 | |
| | Ermittlung | Statistik | 1 : $\eta$ | Analyse | Analyse und Synthese | An |
| 1 | Haushalt . . . . . . . . . . . . . . | 6 310 000 | 6 830 000 | 24 700 | + 8 300 | 3 |
| 2 | Innenbeleuchtung . . . . . . . . . . | 641 000 | 695 000 | 1 467 | 0 | |
| 3 | Gewerbe . . . . . . . . . . . . . . | 1 209 000 | 1 310 000 | 3 973 | + 1 300 | |
| 4 | Großabnehmer . . . . . . . . . . . | 3 830 000 | 4 150 000 | 13 195 | + 950 | 1 |
| 5 | Raumheizung . . . . . . . . . . . . | 535 000 | 580 000 | 0 | 0 | |
| 6 | Straßenbeleuchtung . . . . . . . . . | 1 582 000 | 1 712 000 | 4 494 | — 800 | |
| 7 | Städtische Anlagen und Betriebe | 388 000 | 421 000 | 1 066 | + 250 | |
| | insgesamt: | 14 495 000 | 15 698 000 | 48 895 | + 10 000 | 5 |

[1] »+« = Entladung, »—« = Ladung.

# Anhang: Berechnungstafel f

| Errechnete Werte | | | | | Ofenkosten und Speicher | | | |
|---|---|---|---|---|---|---|---|---|
| Maximale Ofenleistung | Jahres-benutzungs-dauer der Gruppen-spitze | Tages-benutzungs-dauer der Gruppen-spitze | Tages-/Jahres-benutzungs-dauer der Gruppen-spitze | Jahres-benutzungs-dauer des Spitzenlast-anteiles | Umlegungsschlüssel | | Umgelegte Ofenkosten | Umg Spe ko |
| | | | | | für die Ofen-kosten | für die Speicher-kosten | | |
| $N_0$ | $T$ | $t$ | $100 \frac{t}{T}$ | $T'$ | $100 \frac{N_0}{\Sigma N_0}$ | $\pm 100 \frac{V_{Sp}}{\Sigma V_{Sp}}$ | $K_0 \cdot N_0$ | $K_{Sp}$ |
| m³/h | h/Jahr | h/Tag | — | h/Jahr | % | % | RM. | R |
| 7 | 8 | 9 | 10 | 11 | 12 | 13 | 14 | 1 |
| 3) : 24 | 2) : 5) | 3) : 5) | 9) : 8) | 2) : 6) | 7) : Σ7) | 4) : Σ4) | Ofenkosten · 7) | Speicl . |
| 1 029 | 1 785 | 6,45 | 0,361 | 1 785 | 50,5 | + 83,0 | 266 800 | + 4 |
| 61 | 1 285 | 2,71 | 0,211 | ∞ | 3,0 | ± 0 | 15 800 | |
| 166 | 2 685 | 8,14 | 0,303 | 2 750 | 8,15 | + 13,0 | 43 000 | + |
| 550 | 4 035 | 12,83 | 0,318 | 6 080 | 27,0 | + 9,5 | 142 550 | + |
| 0 | ∞ | 0 | 0 | ∞ | 0 | ± 0 | 0 | |
| 187 | 3 355 | 8,82 | 0,263 | 51 900 | 9,19 | — 8,0 | 48 450 | — |
| 44 | 3 890 | 9,87 | 0,254 | 3 890 | 2,16 | + 2,5 | 11 400 | + |
| 2 037 | 3 060 | 9,53 | 0,311 | 3 060 | 100 | 100 | 528 000 | 54 |

## ür die Gaserzeugungskosten.

| Umlegung der festen Erzeugungskosten | | | | | | | | |
|---|---|---|---|---|---|---|---|---|
| nach Spitzenanteilverfahren | | | | | | | Nach Durchschnitts | |
| kosten getrennt behandelt | | | | Speicherkosten wie Ofenkosten umgelegt | | | | |
| elegte icher- sten | Umgelegte Erzeugungskosten (genaue Rechnung) absolut | result. Umlegungs-schlüssel | spezifisch | Umlegungs-schlüssel für Ofen- und Speicher-kosten (Näherungs-rechnung) | Umgelegte Erzeugungskosten absolut | spezifisch | Umlegungs-schlüssel für Ofen- und Speicher-kosten | Umgele absolu |
| $\cdot N_{Sp}$ | $K_0 \cdot N_0 + K_{Sp} \cdot N_{Sp}$ | — | $k_e$ | $100 \frac{N_0}{\Sigma N_0}$ | $K_e \cdot N_0$ | $k_e$ | — | — |
| .M. | RM. | % | Rpf./m³ | % | RM. | Rpf./m³ | % | RM. |
| 15 | 16 | 17 | 18 | 19 | 20 | 21 | 22 | 23 |
| ıerkost. 4) | 14) + 15) | 16) : Σ16) | 16) : 1) | = 12) | Σ16) · 19) | 20) : 1) | 1) : Σ1) | Σ16) · |
| 4 820 | 311 620 | 53,6 | 4,94 | 50,5 | 293 900 | 4,66 | 43,51 | 253 3 |
| 0 | 15 800 | 2,7 | 2,46 | 3,0 | 17 470 | 2,72 | 4,42 | 25 72 |
| 7 020 | 50 020 | 8,6 | 4,13 | 8,15 | 47 400 | 3,92 | 8,34 | 48 5 |
| 5 130 | 147 680 | 25,3 | 3,85 | 27,0 | 157 160 | 4,10 | 26,45 | 153 8 |
| 0 | 0 | 0 | 0 | 0 | 0 | 0 | 3,69 | 21 46 |
| 4 320 | 44 130 | 7,6 | 2,79 | 9,19 | 53 500 | 3,38 | 10,91 | 63 47 |
| 1 350 | 12 750 | 2,2 | 3,28 | 2,16 | 12 570 | 3,24 | 2,68 | 15 60 |
| 000 | 582 000 | 100 | 4,01 | 100 | 582 000 | 4,01 | 100 | 582 00 |

| Ergebnis | | | | | | | | |
|---|---|---|---|---|---|---|---|---|
| | | | Unterschiede | | | | | |
| ɔitzenlast-teilverfah-en genau | Spitzenlast-anteilverfahren mit Vereinfachung | Durch-schnitts-preiskalkulation | Vereinfachtes gegen genaues Spitzenlastanteil-verfahren | | Durchschnittsrechnung gegen genaues Spitzenlast-anteilverfahren | | Durchschnittsrechnung gegen vereinfachtes Spitzenlastanteilverfahren | |
| | | | absolut | relativ | absolut | relativ | absolut | relativ |
| $k_e$ | $k_e$ | $k_e$ | — | — | — | — | — | — |
| Rpf./m³ | Rpf./m³ | Rpf./m³ | Rpf./m³ 2) | % 2) | Rpf./m³ 2) | % 2) | Rpf./m³ 2) | % 2) |
| 25 | 26 | 27 | 28 | 29 | 30 | 31 | 32 | 33 |
| = 18) | = 21) | = 24) | 26) — 25) | 28) : 25) | 27) — 25) | 30) : 25) | 27) — 26) | 32) : 26) |
| 4,94 | 4,66 | 4,01 | — 0,28 | — 5,67 | — 0,93 | — 18,82 | — 0,65 | — 13,95 |
| 2,46 | 2,72 | 4,01 | + 0,26 | + 10,57 | + 1,55 | + 63,00 | + 1,29 | + 47,40 |
| 4,13 | 3,92 | 4,01 | — 0,21 | — 5,08 | — 0,12 | — 2,91 | + 0,09 | + 2,30 |
| 3,85 | 4,10 | 4,01 | + 0,25 | + 6,50 | + 0,16 | + 4,16 | — 0,09 | — 2,20 |
| 0 | 0 | 4,01 | 0 | 0 | + 4,01 | + ∞ | + 4,01 | + ∞ |
| 2,79 | 3,38 | 4,01 | + 0,59 | + 21,15 | + 1,22 | + 43,74 | + 0,63 | + 18,64 |
| 3,28 | 3,24 | 4,01 | — 0,04 | — 1,22 | — 0,73 | + 22,25 | + 0,77 | + 23,75 |
| 4,01 | 4,01 | 4,01 | — | — | — | — | — | — |

) »+« = Erhöhung, »—« = Ermäßigung.

www.ingramcontent.com/pod-product-compliance
Lightning Source LLC
LaVergne TN
LVHW060621300926
849162LV00008B/1673
* 9 7 8 3 4 8 6 7 6 9 1 5 9 *